AF509607

CATALOGUE MENSUEL

(Nouvelle Série, N° 34)

LIBRAIRIE

DE

THÉOPHILE BELIN

29, Quai Voltaire, PARIS

SOMMAIRE

PARIS

LIBRAIRIE THÉOPHILE BELIN

29, QUAI VOLTAIRE, 29

1900

2498. **Adeline** (Jules). Hippolyte Bellangé et son œuvre. Avec eaux-fortes et fac-simile. *Paris, Quantin*, 1880 ; gr. in-8, br.   8 fr.
Portrait et figures.

2499. **Agnel** (Émile). De l'Influence du Langage populaire sur la forme de certains mots de la langue française. *Paris, Dumoulin*, 1869 ; in-8, br.   6 fr.

2500. **Aimé-Martin** (L.). Plan d'une Bibliothèque universelle. Etude des livres qui peuvent servir à l'histoire littéraire et philosophique du genre humain. *Paris, Desrez*, 1837 ; in-8, demi-rel. veau.   3 fr.

2501. **Albert le Grand**. Tractatus magistri Alberti magni, doctoris eximii, episcopi ratisponensis, de veris et perfectis virtutibus, als Paradisus anime nuncuplatus. (In fine :) *Impressus Argentine per Martinum Flach, anno Millesimo quadringententesimonononagesimo octavo* (1498), *mensis Julias die decimo ;* pet. in-4 goth. de 36 ff. (le dernier blanc) à 2 col., cart. 50 fr.
Incunable imprimé à Strasbourg, par Martin Flach. — Déchirure au titre et cachets de bibliothèques.

2502. **Alberti** (Léon-Battista). De la Statue et de la Peinture. Traités traduits du latin en français par Claudius Popelin. *Paris, A. Lévy*, 1868 ; in-8, fig., br.   5 fr.
PAPIER VERGÉ.

2503. **Albin** et **Derham**. Histoire naturelle des Oiseaux, ornée de 306 estampes qui les représentent parfaitement au naturel, dessinées et gravées par Eleazar Albin, et augmentée de notes et de remarques curieuses par W. Derham. *A La Haye, chez Pierre de Hondt*, 1750 ; 3 vol. in-4, mar. rouge, dos orné, fil., tr. dor. (*Rel. anc.*).   150 fr.
305 planches en taille-douce.

2504. **Alexandre** (Arsène). Histoire populaire de la Peinture. *Paris, Laurens*, 1894 ; in-4, br.   10 fr.
Ouvrage illustré de 250 gravures. Envoi d'auteur.

2505. **Alexandre** (Arsène). Honoré Daumier, l'homme et son œuvre. *Paris, Laurens*, 1888 ; gr. in-8, br.   10 fr.
Portrait à l'eau-forte, 2 héliogravures et 47 illustrations dans le texte.

2506. **Almanach**. Histoire naturelle en miniature, suite de l'Abeille des Dames. *Paris, Le Fuel, s. d. (vers 1814)* ; pet. in-12, br.   6 fr.
Titre et 7 planches en taille-douce.

2507. **Almanach**. Le Petit Rodeur ou l'écouteur aux portes. *Paris, Le Fuel, s. d.* ; pet. in-12, br. 5 fr.
Titre et 3 figures en taille-douce.

2508. **Ammirato**. Istorie Fiorentine de Scipione Ammirato. *Firenze, Marchini*, 1824-1827 ; 11 vol. in-8, demi-rel. veau fauve, *non rog.* 30 fr.

2509. **Ampère** (J.-J.). Histoire littéraire de la France avant Charlemagne. *Paris, Didier*, 1867 ; 2 vol. in-8, br.   6 fr.

2510. **Analyse** raisonnée de la Sagesse de Charron (par le Marquis de Luchet). *Amsterdam, M. M. Rey*, 1763 ; 2 tomes en un vol. pet. in-12, veau.   4 fr.

2511. **Ananga-Ranga**. Traité Hindou de l'amour conjugal, rédigé en sanscrit par l'archi-poète Kalyana Malla (XVIᵉ siècle), traduit sur la première version anglaise (Cosmopoli, 1885), par Isidore Liseux. *Paris, Liseux*, 1886 ; in-8, br. 25 fr.
PAPIER DE HOLLANDE, tiré à 300 exemplaires numérotés.
Cet ouvrage ne fait pas double emploi avec les *Kama Sutra* de Vatsyayana, publiés en 1885. Composé au XVIᵉ ou peut-être au XVᵉ siècle, par conséquent beaucoup plus moderne, puisque les *Kama Sutra* remontent au Vᵉ siècle, il nous fait voir les mœurs et la civilisation des Hindous sous un jour assez différent. C'est un document précieux qui vient s'ajouter aux traités érotologiques de Forbert, de Vatsyayana et du cheikh Nefzaoui.

2512. **Ancelon**. La Vérité sur la fuite et l'arrestation de Louis XVI à Varennes d'après des documents inédits. *Paris, E. Dentu*, 1866 ; cart. toile, *non rogné*.   5 fr.
Portraits et vues photographiques.

2513. **Andréossy** (Général). Histoire du canal du Midi, connu précédemment sous le nom de canal de Languedoc. *Paris, impr. Dufart, an VIII (1800)* ; in-8, carte, veau marbr.   3 fr.

2514. **Anecdotes** sur Napoléon. *Paris, Chaumerot*, 1828 ; in-18, front., br.   10 fr.
Frontispice lithographié par *Charlet*.

Achat de Bibliothèques

2515. **Annales** du Muséum national d'histoire naturelle, par les professeurs de cet établissement, *Paris, Levrault, an XI-an XIII* (1802-1805); 6 vol. in-4, demi-rel. mar. rouge, dos orné. 50 fr.

> Important recueil rédigé par Haüy, Faujas-Saint-Fond, Fourcroy, Desfontaines, Jussieu, Thouin, Lacépède, Geoffroy, Lamark, Cuvier, Vauquelin, Geoffroy-S.-Hilaire, etc., etc.
> Nombreuses et belles planches en taille-douce.

2516. **Année** (l') des Poètes. Morceaux choisis réunis par Charles Fuster. *Paris*, 1890 ; in-8, br. 6 fr.

> Papier vergé. Six pages d'autographes, 2 poésies inédites d'Alfred de Musset et une préface de Fréd. Mistral.
> Publié à 10 fr.

2517. **Apianus** (P.) et **Amantius**. Inscriptiones sacrosanctæ vetustatis non illæ quidem Romanæ, sed totius fere orbis summo studio ac maximis impensis terra marique conquisitæ feliciter incipiunt. *Ingolstadii, in æd. P. Apiani*, 1533; in-fol., mar. rouge, dos orné, fil., tr. dor. (*Rel. anc.*). 350 fr.

> Recueil d'inscriptions antiques d'Espagne, d'Italie, de Dalmatie et d'Allemagne, orné de figures gravées sur bois par *Orstendorfer*.
> Exemplaire aux armes du prince EUGÈNE DE SAVOIE.
> Le titre est coupé au cadre et remonté.

2518. **Apologie** pour l'ordre des Francs-Maçons par M^r N***. *La Haye, Gosse*, 1785 ; in-8, front., demi-rel. veau. 8 fr.

> Curieux frontispice en taille-douce.

2519. **Apologie** pour la France sur sa presseance contre l'Espagne, en Cour de France. *Paris, Fr. Noel*, 1651; in-4, veau fauve (*Rel. anc.*) 20 fr.

> Aux armes de Paul de Beauvilliers, duc de SAINT-AIGNAN.

2520. **Arclais de Montamy.** Traité des couleurs pour la peinture en émail et sur la porcelaine ; précédé de l'art de peindre sur émail. Ouvrage posthume de M. d'Arclais de Montamy. *Paris, G. Cavelier*, 1765; in-12, veau granit, tr. rouge. 6 fr.

> De la bibliothèque YEMENIZ.

2521. **Arène** (Paul). La Vraie Tentation du grand Saint Antoine. Contes de Noël racontés par Paul Arène. *Paris, Charpentier*, 1880 ; in-4, br. 4 fr.

> Illustrations de *Vollon, Bastien-Lepage,*

L. Petit, d'Alheim, Sahib, Rochegrosse, Forain, Bigot, Chevallier, etc.
> Envoi d'auteur.

2522. **Argens** (Olivier d'). Mémoires et correspondances de divers généraux, Charette, Stofflet, Puisaye, d'Autichamp, Frotté, pour servir à l'histoire de la guerre civile de 1793-1796. *Paris, Baudouin*, 1826; in-8, br. 4 fr.

2523. **Art ancien** (L') à l'exposition nationale belge, publié sous la direction de M. Camille de Roddaz. *Bruxelles, Rozez ; Paris, Firmin Didot*, 1882 ; in-4, br. 10 fr.

> Chromolithographies, eaux-fortes, planches hors textes et vignettes dans le texte donnant la reproduction des objets exposés.

2524. **Art** (L') d'assassiner les Rois, enseigné par les Jésuites à Louis XIV et Jacques II, où l'on trouve le secret de la dernière conspiration formée à Versailles le 3 septembre 1695 contre la vie de Guillaume III, roi de la Grand'Bretagne. *Londres, Th. Fullher*, 1696 ; pet. in-12, cart. 20 fr.

> Rare pamphlet en parfait état de conservation.

2525. **Art** (l') de desoppiler la rate, sive de modo C. prudenter, en prenant chaque feuillet pour se t. le d. Entremêlé de quelques bonnes choses. (Par A.-J. Panckoucke). *A Gallipoli de Calabre, l'an des folies*, 175884 (1754) ; in-12, mar. rouge, dos orné, dent., tr. dor. 30 fr.

> La première et la meilleure édition de ce recueil qui contient une quantité de renseignements les plus divers : extraits de livres rares, analyses de sermonnaires burlesques, morceaux scatalogiques, bibliographie d'ouvrages singuliers, etc.

2526 **Art** (L') de faire des garçons ou nouveau tableau de l'amour conjugal par M*** (Procope Couteau), docteur en médecine. *Montpellier, F. Maugiron*, 1760; in-12, veau. 8 fr.

2527. **Aubert**. Trésor de l'abbaye de Saint-Maurice d'Agaune, décrit et dessiné par Ed. Aubert. *Paris, Vve A. Morel*, 1872 ; 2 vol. gr. in-4, demi-rel. mar. brun, tête dor., éb. 65 fr.

> Belles planches en taille-douce et en chromolithographie.

2528. **Aubignac** (Abbé d'). Macarise, ou la Reine des Isles fortunées, histoire allégorique contenant

Et de Livres anciens et modernes

la philosophie morale des stoïques sous le voile de plusieurs aventures agréables en forme de roman, par François Hedelin, abbé d'Aubignac. *A Paris, chez Jacques Du Breuil et P. Collet*, 1664; 2 vol. in-8, mar. rouge, dos orné, double comp. de fil., tr. dor. (*Chambolle-Duru*). 60 fr.

Portrait et frontispices gravés.
Bel exemplaire de ce roman dont la fin n'a jamais été imprimée.

2529. **Audin.** Histoire de la vie, des écrits et des doctrines de Martin Luther. *Paris, Maison*, 1839; 2 vol. in-8, portr., demi-rel. veau vert. 6 fr.

2530. **Augier** (Émile). Lions et Renards, comédie en cinq actes, en prose. *Paris, Michel Lévy*, 1870; in-8, mar. rouge, dos orné, fil., tr. dor. (*Behrends*). 25 fr.

ÉDITION ORIGINALE avec envoi autographe de l'auteur.

2531. **Autichamp** (Charles d'). Mémoires pour servir à l'histoire de la campagne de 1815 dans la Vendée, par M. le lieutenant-général comte Charles d'Autichamp. *Paris, Adrien Egron*, 1817; in-8, br. 10 fr.

2532. **Aventures** (les) de Pomponius, chevalier romain, ou l'histoire de notre tems (par Labadie, revues et publiées par l'abbé Prevost). *Rome, héritiers de Ferranti Pallavicini*, 1725; in-12, veau fauve, dos orné, fil., tr. dor. (*Rel. anc.*) 8 fr.

Ouvrage satyrique dirigé contre le Régent, Philippe d'Orléans.

2533. **Aventures** (les) merveilleuses de Fortunatus, avec une préface par Henry Fouquier. *Paris, lib. des bibliophiles*, 1887; in-4, br. 10 fr.

120 gravures dans le texte par *Edouard de Beaumont*.

2534. **Baffo.** Raccolta universale delle Opere di Giorgio Baffo Veneto. *Cosmopoli*, 1789; 4 vol. in-8, portr., titres gravés, demi-rel. basane. 35 fr.

Rare.

2535. **Balzac** (Honoré de). Les Contes drolatiques colligez ez abbayes de Touraine. Cinquiesme édition illustrée de 425 dessins par Gustave Doré. *Se trouve à Paris, ez bureaux de la Société générale de librairie*, 1855; pet. in-8, demi-rel. chagr. bleu. 12 fr.

PREMIER TIRAGE des 425 figures de *G. Doré*. Exemplaire court de marges.

2536. **Balzac** (Honoré de). Le Père Goriot. Scènes de la vie parisienne. *Paris, Quantin*, 1885; in-8, br. 10 fr.

Dix compositions par *Lynch*, gravées à l'eau-forte par *Abot*.

2537. **Ballets** et Mascarades de Cour, de Henri III à Louis XIV (1581-1652), recueillis et publiés, d'après les éditions originales, par M. Paul Lacroix. *Genève, Gay*, 1868-1870; 6 vol. pet. in-12, demi-rel. dos et coins de mar. La Vallière, tête dor., *non rognés* (*David*). 100 fr.

Un des 4 exemplaires sur PAPIER DE CHINE.
Intéressant recueil réunissant tous les ballets qui ont pu être retrouvés depuis 1581 jusqu'en 1652. Rare.

2538. **Bancroft** (George). Histoire des Etats-Unis, depuis la découverte du continent américain, traduite de l'anglais par Mlle Isabelle Gatti de Gamond. *Paris*, 1861; 9 vol. in 8, demi-rel. chagr. rouge. 25 fr.

2539. **Barante.** Histoire des ducs de Bourgogne de la maison de Valois (1364-1477), par M. de Barante. *Paris, Delloye*, 1839; 12 vol. in-8, demi-rel. veau fauve, *non rog.* 40 fr.

Exemplaire sur PAPIER VERGÉ, avec les figures tirées sur Chine.

2540. **Barbazan.** Fabliaux et Contes des poètes français des XIe, XIIe, XIIIe, XIVe et XVe siècles, tirés des meilleurs auteurs, nouv. édit., augmentée et revue sur les Mss. de la Bibliothèque Impériale par M. Méon. *Paris, B. Warée* (de *l'impr. de Crapelet*), 1808; 4 vol. in-8, fig., demi-rel. mar. rouge à long grain, *non rognés*. 150 fr.

4 figures par *Langlois*, gravées par *Delvaux* et *Villiers*.
Exemplaire en GRAND PAPIER, avec triple état des gravures, EAUX-FORTES, AVANT LA LETTRE et avec lettre.

2541. **Barbou** (Alfred). Le Chien, son histoire, ses exploits, ses aventures. *Paris, Jouvet*, 1883; in-8, br. 6 fr.

87 vignettes par *Bayard, Couturier, Jacque, A. Marie, Vogel*, etc. — Couverture illustrée.

2542. **Barchou de Penhoën** (Baron). Un Automne au bord de la mer. *Paris, Charpentier*, 1836; in-8, br., couv. 3 fr.

Achat de Bibliothèques

2543. Barchou de Penhoën (Baron de). Mémoires d'un Officier d'Etat-major. Expédition d'Afrique. *Paris, Charpentier*, 1835 ; in-8, br. 3 fr.

2544. Barjavel (C.-F.-H.). Dictionnaire historique, biographique et bibliographique du département de Vaucluse. *Carpentras, impr. de L. Devillario*, 1841 ; 2 tomes en un vol. in-8, demi-rel. mar. violet, dos orné. 8 fr.

2545. Barras. Mémoires de Barras, membre du Directoire, publiés avec une introduction générale, des préfaces et des appendices par George Duruy. *Paris, Hachette*, 1895 ; 2 vol, in-8, portr., br. 8 fr.

Tomes I et II seuls.

2546. Barruel. Mémoires pour servir à l'histoire du Jacobinisme. Nouvelle édition, revue et corrigée par l'auteur. *Lyon, Th. Pitrat*, 1818-1819 ; 4 vol. in-8, demi-rel. chagr. violet. 15 fr.

2546bis. Barthélemy. Douze Journées de la Révolution, poëmes. *Paris, Perrotin*, 1835 ; in-8, br. 8 fr.

Ouvrage orné de 12 eaux-fortes d'après *Raffet* et *Tony Johannot*.

2547. Barthélemy (Edouard de). Les Ducs et les duchés français avant et depuis 1789. *Paris, Amyot*, 1867 ; in-8, br. 4 fr.

2548. Baschet (Armand). Les Archives de Venise. Histoire de la Chancellerie secrète. *Paris, H. Plon*, 1870 ; in-8, br. 4 fr.

2549. Basnage. Dissertation historique, sur les Duels et les ordres de chevalerie, par M. Basnage. Nouvelle édition avec un discours préliminaire par Pierre Roques. *Basle, Jean Christ*, 1740 ; in-12, bas. 10 fr.

2550. Bastide. La Petite Maison, publiée par le bibliophile Jacob. *Paris, Jouaust*, 1879 ; in-12, mar. rouge, dos orné, fil., tr. dor. (*Masson-Debonnelle*). 10 fr.

Charmant frontispice gravé à l'eau-forte par *Lalauze*.

2551. Bausset. Mémoires anecdotiques sur l'intérieur du Palais et sur quelques événemens de l'Em-

pire depuis 1805 jusqu'au 1er Mai 1814, pour servir à l'histoire de Napoléon. *Paris, Baudoin*, 1827-1829 ; 4 vol. in-8, cart., *non rognés*. 50 fr.

Rares mémoires ornés de 2 portraits de l'Empereur et de l'Impératrice Joséphine ; et de 120 fac-similés de signatures des personnages les plus marquants de l'époque.

2552. Bayle (Pierre). Dictionnaire historique et critique de Pierre Bayle. Nouvelle édition, augmentée de notes extraites de Chaufepié, Joly, La Monnoie, Le Duchat, Leclerc, Prosper Marchand, etc. *Paris, Desoer*, 1820 ; 16 vol. in-8, cart., *non rognés*. 70 fr.

Cartonnage neuf.

2553. Beaumarchais. La Folle journée, ou le mariage de Figaro, comédie en cinq actes, en prose, par M. de Beaumarchais. *Kehl, Société typographique, et Paris, Ruault*, 1785 ; gr. in-8, basane, dos orné. 100 fr.

Bel exemplaire contenant la suite des 5 figures de *Saint-Quentin*, gravée par *Halbou, Liénard* et *Lingée*.

L'Errata, qui manque souvent, se trouve dans cet exemplaire qui a été relié sur brochure.

2554. Beaumarchais. Œuvres complètes. *Paris, Etienne Ledoux*, 1821 ; 6 vol. in-8, demi-rel. veau fauve, dos orné, *non rog.* (*Thouvenin*). 20 fr.

Édition fort bien imprimée, avec le portrait de l'auteur en double état.

2555. Beaune et **d'Arbaumont.** La Noblesse aux Etats de Bourgogne de 1350 à 1789. *Dijon, Lamarche*, 1864 ; in-4, demi-rel. chagr. rouge, tr. jaspée. 35 fr.

Ouvrage intéressant illustré de 400 blasons de familles bourguignonnes.

2556. Beaux-Arts (Les). Musée des chefs-d'œuvre contemporains. *Paris, Dentu*, 1875-1880 inclus ; 2 vol. in-fol., cart., *non rog.* 80 fr.

265 planches, la plupart gravées à l'eau-forte d'après les meilleures œuvres de Delacroix, Baudry, Puvis de Chavannes, Prudhon, Corot, Millet, Raphaël, Fortuny et autres célèbres peintres anciens et modernes.

2557. Becq de Fouquières. Les Jeux des Anciens, leur description, leur origine, leurs rapports avec la religion, l'histoire, les arts et les

Et de Livres anciens et modernes

mœurs. *Paris, Reinwald,* 1869 ; in-8, fig., br.   4 fr.

    Mouillures.

2558. Bégis (Alfred). Billaud Varenne, membre du comité de salut public. Mémoires inédits et correspondance accompagnés de notices bibliographiques sur Billaud Varenne et Collot-d'Herbois. *Paris, libr. de la nouvelle Revue,* 1893 ; in-8, portr., br.   4 fr.

2559. Belloy. Mémoires historiques sur la maison de Coucy, sur la véritable aventure de la dame de Faïel, sur Eustache de S.-Pierre. *Paris, Delalain,* 1770. — Précis historique de la Maison impériale des Commènes (par Démétrius Commène). *Amsterdam,* 1784. Ens. 2 tomes en un vol. in-8, bas.   12 fr.

2560. Belloy. Œuvres complettes. *Paris, Moutard,* 1779 ; 6 vol. in-8, portr., mar. vert, dos orné, fil., tr. dor. (*Rel. anc.*).   100 fr.

    Bel exemplaire.

2561. Béranger (J.-P. de). Chansons. *Paris, chez les marchands de nouveautés,* 1821 ; 2 tomes en un vol. in-18, demi-rel. chagr. 10 fr.

    ÉDITION ORIGINALE.

2562. Béranger. Œuvres complètes de P.-J. de Béranger. Edition unique, revue par l'auteur, ornée de 104 vignettes en taille-douce, dessinées par les peintres les plus célèbres. *Paris, Perrotin,* 1834 ; 5 vol. in-8, portr. et fig., demi-rel. veau, dos orné.   40 fr.

    104 figures par *Raffet, Bellanger, Johannot, Grenier, Decamps,* etc.
    Exemplaire en parfait état.

2563. Bergerat (Émile). L'Amour en République. Etude sociologique, 1870-1889. *Paris, E. Dentu,* 1889 ; pet. in-8, mar. brun, dos orné, fil., coins remplis, tête dor., *non rogné* (*Bretault*).   40 fr.

    Encadrement du texte par *Pallandre* gravé sur bois par *Méaulle.*
    L'un des 20 exemplaires (n° 3) sur PAPIER DE HOLLANDE.

2564. Bergerat (Emile). La Chasse au mouflon ou petit voyage philosophique en Corse. *Paris, Delagrave, s. d.* (1890) ; gr. in-8, cart., tête dor., *non rogné.*   5 fr.

    43 gravures hors-texte d'après des photographies et 55 dessins de Mme *E. Bergerat.* — Partie supérieure du faux-titre enlevée.

2565. Bernard (Auguste). Geofroy Tory, peintre et graveur, premier imprimeur royal, réformateur de l'ortographe et de la typographie sous François Ier. Deuxième édition, entièrement refondue. *Paris, Tross,* 1865 ; in-8, demi-rel. mar. brun, tête dor., *non rogné* (*Cottin-Simier*).   15 fr.

    Exemplaire tiré sur GRAND PAPIER VERGÉ.

2566. Bernard (Aug.). Geofroy Tory, peintre et graveur, premier imprimeur royal, réformateur de l'orthographe et de la typographie sous François Ier. *Paris, Tross,* 1865 ; in-8, br.   3 fr. 50

2567. Béroalde de Verville. Le Moyen de parvenir, œuvre contenant la raison de tout ce qui a esté, est, et sera. Avec démonstrations certaines et nécessaires, selon la rencontre des effets de vertu. *Imprimée cette année* (*Hollande, vers* 1680); pet. in-12, mar. violet, dos orné à froid, fil., tr. dor.   30 fr.

    Edition en 439 pp., imprimée avec le matériel typographique de Mathys de Leyde (voy. Willems, n° 1960).
    Haut. : 117 mm.

2568. Berquin. Idylles par M. Berquin. (*Paris, Quillau,* 1775); 2 tomes en un vol. pet. in-8, veau marbré.   80 fr.

    Frontispice et charmantes figures de *Marillier,* AVANT LES NUMÉROS.

2569. Berquin. Romances. *Paris, impr. de Moutardier,* 1797 ; 2 vol. in-16, mar. vert, fil., tr. dor. (*Rel. anc.*).   80 fr.

    Titre gravé, 13 figures, épreuves en double état, AVANT et avec les numéros, et 44 pages de musique gravée.

2570. Bertin (Horace). Les Heures marseillaises. *Marseille, Laveirarié,* 1878 ; in-8, br.   4 fr.

    Portrait gravé à l'eau-forte par *A. Moutte.*

2571. Bertrand de Molleville. Histoire de la Révolution de France pendant les dernières années du règne de Louis XVI. *Paris, Giguet, an IX-an XI* (1801-1803); 14 vol. in-8, demi-rel. veau, dos orné, éb.   50 fr.

    Ouvrage des plus intéressants pour l'histoire de la Révolution.

Achat de Bibliothèques

2572. Besdel (P.-F.). Abrégé des Causes célèbres et intéressantes, avec les jugemens qui les ont décidées. *Paris*, 1787 ; 3 tomes en 2 vol. in-12, bas.   8 fr.

2573. Besenval (Baron de). Mémoires avec une notice sur sa vie. *Paris, Baudouin*, 1821 ; 2 vol. in-8, br.   5 fr.

2574. Bible (Sainte) traduction nouvelle selon la vulgate par MM. J. Bourrassé et P. Janvier. *Tours, A. Mame*, 1866 ; 2 vol. in-fol., cart., *non rognés.*   110 fr.

    Illustrations de *G. Doré.*
    Texte ornementé par *H. Giacomelli.* Très bel ouvrage dans son cartonnage d'éditeur.

2575. Bible (La Sainte), traduite en français par Lemaistre de Sacy, accompagnée du texte latin de la Vulgate. Nouvelle édition revue par M. l'abbé Jacquet et illustrée de nombreuses gravures sur acier d'après les plus grands maîtres des écoles italienne, française, espagnole et hollandaise. *Paris, Garnier frères*, 1867-1868 ; 6 vol. in-4, cart. toile, éb., *non rognés.* 40 fr.

2576. Bibliophile français (Le). Gazette illustrée des amateurs de livres, d'estampes et de haute curiosité. *Paris, Bachelin-Deflorenne*, 1868-1870 ; 4 vol. in-8, en livraisons.   25 fr.

    Les 4 premiers volumes seuls de cette très intéressante publication. Nombreuses reproductions de reliures artistiques et portraits de bibliophiles et de bibliographes célèbres.

2577. Bigarré (Général). Mémoires du Gal Bigarré, aide de camp du roi Joseph. 1775-1813. *Paris, Ernest Kolb, s. d.;* in-8, br.   5 fr.

2578. Bijoux (les) des neufs sœurs, avec de jolies gravures. *Paris, Defer de Maisonneuve*, 1790 ; 2 vol. pet. in-12, basane verte.   40 fr.

    Recueil de poésies de Piron, Piis, Chaulieu, Voltaire et autres, orné de 2 frontispices et de 4 jolies figures AVANT LA LETTRE, par *Le Barbier*, gravées par *Gaucher.*

2579. Biringuccio (Vanoccio). La Pyrothecnie, ou art du feu, contenant dix livres. Traduite en français par Jacques Vincent. *Rouen, Jacques Cailloué*, 1627 ; in-4, vélin.   30 fr.

    Exemplaire de RUGGIERI.

2580. Blaze (Élzéar). Le Chasseur au Chien courant. *Paris, l'auteur*, 1838 ; 2 vol. in-8, br., couv.   12 fr.

2581. Blaze (Elzéar). Le Chasseur aux filets, ou la chasse des dames, contenant les habitudes, les ruses des petits oiseaux, l'art de les prendre, de les nourrir et de les faire chanter. *Paris, E. Blaze*, 1839 ; in-8, cart. toile, *non rogné.*   10 fr.

    4 planches en taille-douce.

2582. Blondel (Auguste). Rodolphe Topffer , l'écrivain , l'artiste et l'homme, avec la collaboration de Paul Mirabaud, suivi d'une bibliographie complète. *Paris, Hachette*, 1886 ; gr. in-8 , demi-rel. mar. rouge, tête dor., *non rogné.* 20 fr.

    Illustré de 25 héliogravures exécutées par *Dujardin.*

2583. Blondel (François). Cours d'architecture, enseigné dans l'Académie royale d'architecture. *Paris, Roulland*, 1675 ; 3 vol. in-fol., fig., veau brun.   75 fr.

2584. Boaistuau (Pierre). Histoires prodigieuses extraictes de plusieurs autheurs grecs et latins, sacrez et profanes, divisées en 2 tomes ; le premier mis en lumière par P. Boaisteau, surnommé Launay ; le second par Cl. de Tesserant, et augmenté de dix histoires par F. de Belle-forest Comingeois. Avec les portraits et figures. *A Paris, Gabriel Buon*, 1571 ; 2 tomes en un vol. in-16, vélin à recouv.   100 fr.

    Édition illustrée de jolies petites figures sur bois délicatement gravées. Cet ouvrage donne un curieux résumé de toutes les histoires étranges et prodigieuses qui étaient alors répandues dans l'esprit public : signes du ciel, pluies de sang, inondations, cas de pathologie humaine et animale monstrueux, etc.

2585. Bocklern (Georg.-Andr.). Architectura curiosa nova, exponens Fundamenta hydragogica , indolemque aquæ, varios aquarum, ac salientum fontium Cusus per varia spectatu, etc. In latinam linguam translata a J. G. Sturmio. *Norimbergæ, P. Fursten* (1664) ; 4 parties en un vol. pet. in-fol., vélin. 100 fr.

    Ce très curieux et rare ouvrage sur l'art hydraulique appliqué aux fontaines, à la décoration des jardins, etc., et sur l'art de construire des labyrinthes , comprend 231 planches gravées sur cuivre et tirées sur 200 feuilles.

Et de Livres anciens et modernes

2586. Boileau. Œuvres de Nic. Boileau-Despréaux. Nouvelle édition, avec des éclaircissements historiques donnés par lui-même et rédigés par Brossette ; augmentée de plusieurs pièces, avec des remarques par M. de Saint-Marc. *Paris, Saint-Marc*, 1747 ; 5 vol. in-8, portr. et fig., veau granit, dos orné, tr. rouge (*Rel. anc.*). 30 fr.

Vignettes en-tête dessinées par *Eisen*, gravées par *Aveline*.

2587. Boileau. Œuvres. Nouvelle édition avec des éclaircissements historiques donnés par lui-même, rédigés par M. Brossette, augmentées de plusieurs pièces, avec des remarques par M. de Saint-Marc. *Amsterdam, D.-J. Changuion*, 1772 ; 5 vol. in-8, front., demi-rel. mar. rouge, tête dor., *non rognés*. 25 fr.

2588. Bonarelli (Prospero). Il Solimano, tragedia. *In Roma, per Francesco Corbelletti*, 1632 ; in-4, veau granit. (*Rel. anc.*). 40 fr.

Frontispice et 5 planches à l'eau-forte par *Jacques Callot*.
Exemplaire double du British Museum vendu en 1787.

2589. Bonnal. Capitulations militaires de la Prusse. Etude sur les désastres des armées de Frédéric II, d'Iéna à Tilsitt. *Paris, Dentu*, 1879 ; in-8, br. 4 fr.

2590. Bonnetain (Paul). L'Extrême-Orient. *Paris, Quantin, s. d.*; in-4, demi-rel. dos et coins de mar. rouge, dos orné, tête dor., *non rogné* (*Bretault*). 25 fr.

Bel et intéressant ouvrage sur nos possessions en Indo-Chine, illustré de nombreuses gravures sur bois et de cartes de ces régions.

2591. Bonneville de Marsangy. Le Chevalier de Vergennes. Son ambassade à Constantinople. *Paris, Plon et Nourrit*, 1894 ; 2 vol. in-8, br. 10 fr.

2592. Bonnor (Honoré). L'ARBRE DES BATAILLES. Nouvellement imprimé à Paris. (A la fin) : *Cy fine le livre intitulé larbre des batailles. Imprime a Paris, le 5 jour de juillet 1515, par Michel le Noir;* in-4 goth. à longues lignes, mar.

rouge jans., tr. dor. (*Trautz-Bauzonnet*). 600 fr.

Ce livre, que les biographes classent généralement parmi les romans de chevalerie, n'est, en réalité, ce qui le rend beaucoup plus précieux et beaucoup plus intéressant, qu'un traité du duel judiciaire et des devoirs de la Chevalerie, tels que la société du moyen âge les entendaient. Ce fut le roi Charles V qui ordonna au prieur de Salon d'écrire cet ouvrage qui eut alors une vogue immense, attestée par ses nombreuses éditions.
Très bel exemplaire. Joli bois sur le titre.

2593. Bordier et Charton. Histoire de France, depuis les temps les plus anciens jusqu'à nos jours, d'après les documents originaux et les monuments de l'art de chaque époque. *Paris*, 1859-1860 ; 2 vol. in-4, demi-rel. chagr. Lavallière, tête dor., *non rognés*. 12 fr.

Nombreuses vignettes sur bois.

2594. Borel (Pétrus). Rapsodies. *Bruxelles*, 1868 ; in-12, br. 5 fr.

PAPIER VERGÉ. Figure à l'eau-forte.

2595. Bossard (Eugène). Gilles de Rais, maréchal de France, dit Barbe-Bleue, 1404-1440. *Paris, Champion*, 1886; in-8, front., br. 7 fr.

2596. Bossuet. Discours sur l'histoire universelle. Edition augmentée des nouvelles additions et des variantes de texte. *Paris, Lefèvre*, 1825 ; 2 vol. in-8, demi-rel. veau bleu, tr. marbrée. 8 fr.

2597. Bossuet. Discours sur l'Histoire universelle ; précédé d'une notice littéraire par M. Tissot. *Paris, Curmer, s. d.* (1839) ; 2 vol. in-4, demi-rel. mar. noir, plats toile, tr. dor. 15 fr.

Très belle édition ornée de 12 planches gravées sur acier d'après *Rigaud, Ph. de Champaigne, Murillo* et *Meissonier*.
Texte encadré de jolies arabesques sur bois.

2598. Boudon. (Mémoires de Philippe Boudon, sieur de La Salle (1626-1652), publiés sur le manuscrit inédit avec notes et introduction, par le comte de Baillon. *Paris, Techener*, 1870 ; in-8, veau fauve, dos orné, fil., tr. dor. (*Petit-Simier*). 10 fr.

Mémoires sur la Fronde.

2599. Boufflers (Stanislas de). Œuvres. *Paris, Artaud*, 1805 ; 2 vol. pet. in-12, cart., *non rognés*. 5 fr.

Portrait et 8 figures.

Achat de Bibliothèques

2600. **Bougeault** (Alf.). Histoire des littératures étrangères. *Paris, Plon*, 1876 ; 3 vol. in-8, br. 6 fr.

2601. **Bouillet**. Dictionnaire universel d'Histoire et de Géographie. *Paris, Hachette*, 1874; in-8, br. 8 fr.

2602. **Bouillon**. Musée des antiques, dessiné et gravé avec des explications par J.-C. de Saint-Victor. *Paris, P. Didot*, 1811-1827 ; 3 vol. in-fol., demi-rel. mar. rouge, *non rognés*. 220 fr.

Bel exemplaire en GRAND PAPIER contenant 280 planches, épreuves AVANT LES NUMÉROS.

2603. **Boulanger** (Général). L'Invasion allemande. Guerre franco-allemande de 1870-71. *Paris, Rouff*, 1888; 3 vol. gr. in-8, fig., cart., *non rognés*. 12 fr.

Illustrations dans le texte.

2604. **Bouquet** (F.). Points obscurs et nouveaux de la vie de Pierre Corneille. Etude historique et critique avec pièces justificatives. *Paris, Hachette*, 1888 ; in-8, br. 4 fr.

2605. **Bourdigné** (Jean de). Hystoire aggrégative des annales et cronicques Danjou... et plusieurs faits dignes de mémoire advenuz tant en France, Italie, Espagne, Angleterre, Hiérusalem et autres royaulmes tant chrétiens que Sarrazins, reveues et additionnées par le Viateur (Jean Pelegrin). *On les vend à Angiers en la boutique de Charles de Boingne et Clément Alexandre.* (A la fin :) *Imprimées à Paris, par Anthoyne Couteau imprimeur* l'an 1529 ; in-fol., goth. de 6 et de 208 ff., fig., veau fauve, fil., milieux. (*Rel. anc.*). 200 fr.

Chronique très rare et très recherchée. Presque la moitié du volume a été rubriquée de différentes couleurs, et les 6 derniers ff. sont plus courts.

2606. **Bourgeois** (Emile). Le Grand Siècle. Louis XIV, les arts, les idées d'après Voltaire, Saint-Simon, Spanheim, Dangeau, Mme de Sévigné, Choisy, La Bruyère, Laporte, etc. *Paris, Hachette,* 1896 ; in-4, br. 30 fr.

Ouvrage illustré d'un très grand nombre de gravures d'après les documents de l'époque. Couverture en parchemin imprimée en or.

2607. **Bourget** (Paul). Le Disciple. *Paris, Lemerre,* 1889 ; in-18, br. 10 fr.

Edition originale avec envoi autographe de l'auteur.

2608. **Bourrienne**. Mémoires de M. de Bourrienne, ministre d'Etat ; sur Napoléon, le Directoire, le Consulat, l'Empire et la Restauration. *Paris, Ladvocat,* 1829 ; 10 vol. in-8, demi-rel. veau vert, dos orné, *non rognés*. 50 fr.

D'après Quérard ces mémoires seraient l'œuvre du marquis Max. de Villemarest.

2609. **Breton de la Martinière**. La Chine en miniature ou choix de costumes, arts et métiers de cet Empire. *Paris, Nepveu,* 1811-1812 ; 6 vol. in-12, veau, tr. dor. 35 fr.

102 figures très finement coloriées.

2610. **Brillat-Savarin**. Physiologie du Goût, ou méditations de gastronomie transcendante ; ouvrage théorique, historique et à l'ordre du jour. Par un professeur, membre de plusieurs sociétés littéraires et savantes. *Paris, Sautelet,* 1826 ; 2 vol. in-8, demi-rel. chagr. rouge, *non rognés*. 40 fr.

ÉDITION ORIGINALE.

2611. **Brisson** (Barnabé). De Regio persarum principatu libri tres. Ex adversariis V. C. B. B. S. P. P. *Parisiis, e typ. Stheph. Prevosteau, vænunt apud Rob. Columbellum,* 1591 ; in-8, vélin à recouvrements, dos orné, fil., milieux, tr. dor. (*Rel. anc.*). 50 fr.

Une mention manuscrite apposée sur le titre porte : *« don de Monsieur Brisson, président, autheur de ce livre. »* Ce don fut donc fait à l'apparition du livre même, puisque les ligueurs pendirent le savant jurisconsulte Brisson en cette année 1591. Léger grattage sur le titre. Jolie reliure originale.

2612. **Broc** (Vicomte de). Dix ans de la vie d'une femme pendant l'émigration. Adélaïde de Kerjean, marquise de Falaiseau, d'après des lettres inédites. *Paris, Plon et Nourrit,* 1893 ; in-8, br. 5 fr.

2613. **Broc** (Vicomte de). La France sous l'ancien Régime. *Paris, Plon, Nourrit,* 1887-1889 ; 2 vol. in-8, br. 10 fr.

Le Gouvernement et les institutions. — Les Usages et les mœurs.

Et de Livres anciens et modernes

2614. **Brunet** (Gustave). Imprimeurs imaginaires et libraires supposés. Etude bibliographique. *Paris*, 1866 ; in-8, cart., *non rogné.*
10 fr.

2615. **Bruscambille.** Les Œuvres de Bruscambille, contenant ses Fantasies, Imaginations et Paradoxes et autres discours comiques. Le tout nouvellement tiré de l'escarcelle de ses imaginations. Reveu et augmenté par l'autheur (Deslauriers). *Rouen, Martin de la Motte*, 1626 ; pet. in-12, mar. orange, fil., tr. dor. (*Trautz-Bauzonnet*). 175 fr.

Bel exemplaire d'un livre rare et recherché.

2616. **Buet** (Charles). Les Favoris à la Cour de Savoie au XVe siècle. *Thonon, impr. Masson*, 1893 ; in-8, demi-rel. dos et coins de mar. brun, *non rogné*. 10 fr.

Imprimé en bleu et tiré à 150 exemplaires.

2617. **Bulau** (Frédéric). Personnages énigmatiques. Histoires mystérieuses, événements peu ou mal connus. Traduits de l'allemand par W. Duckett. *Paris, Poulet-Malassis et de Broise*, 1861 ; 3 vol. in-12, demi-rel. veau fauve, dos orné, tr. rouge. 10 fr.

2618. **Burtin** (Fr.-Xavier de). Traité théorique et pratique des connoissances qui sont nécessaires à tout amateur de tableaux, et à tous ceux qui veulent apprendre à juger, apprécier et conserver les productions de la peinture. *Bruxelles, impr. de Weissenbruch*, 1808 ; 2 vol. in-8, portr., demi-rel. bas., *non rognés*. 25 fr.

Bon ouvrage. Quelques piqûres de vers.

2619. **Burty** (Philippe). Froment-Meurice, argentier de la ville (1802-1855). *Paris, Jouaust*, 1883 ; in-4, br. 8 fr.

Portrait et planches à l'eau-forte.

2620. **Burty** (Philippe). Pas de lendemain. *Paris, l'auteur*, 1869 ; pet. in-8 réglé, br., couv. 15 fr.

Tiré à très petit nombre pour les amis de l'auteur.

2621. **Cabinet** de l'Amateur (Le) et de l'antiquaire. Revue des tableaux et des estampes anciennes ; des objets d'art, d'antiquité et de curiosité. *Paris*, 1842-1846 ; 4 vol. in-8, demi-rel. dos et coins de mar. rouge, tête dor., *non rog.* 140 fr.

Cet exemplaire, en très bon état, contient la très rare figure de *Meissonier*, épreuve du PREMIER TIRAGE, sur *Chine*.

2622. **Cadet-de-Vaux.** Dissertation sur le Café, son historique, ses propriétés. *Paris,* 1806 ; in-12, br. 5fr.

2623. **Cadoudal** (Affaire). Acte d'accusation de Georges Cadoudal et de ses co-accusés, devant le tribunal criminel et spécial du département de la Seine. (*Paris*, 1804); in-8, br. 4 fr.

2624. **Cailliat** (Victor). Parallèle des Maisons de Paris, construites depuis 1830 jusqu'à nos jours, dessiné et publié par Victor Cailliat, architecte. Seconde édition. *Paris, Bance*, 1857 ; in-fol., cart. 20 fr.

126 planches.

2625. **Caillot-Duval.** Correspondance philosophique rédigée d'après les pièces originales, et publiée par une société de littérateurs lorrains. *Nancy et Paris*, 1795 ; in-8, br. 10 fr.

ÉDITION ORIGINALE de cette correspondance, mystification célèbre dont les véritables auteurs furent le comte Alphonse Fortia de Piles et le chevalier Boisgelin de Kerdu.

2626. **Calmet** (Dom Augustin). Traité sur les Apparitions des esprits, et sur les vampires, ou les revenans de Hongrie, de Moravie, etc. Nouvelle édition revue, corrigée et augmentée. *Paris, Debure*, 1751 ; 2 vol. in-12, veau. 12 fr.

2627. **Campagne** du général Buonaparte en Italie pendant les années IVe et Ve de la République française par un officier général (François-René-Jean de Pommereul). *Paris, Plassan*, 1797; in-8, carte, br. 6 fr.

2628. **Caraccioli.** La Vie du pape Clément XIV (Ganganelli). *Paris, Vve Desaint*, 1775 ; in-12, mar. rouge, dos orné, fil., tr. dor. (*Rel. anc.*). 25 fr.

Joli portrait, vignette en-tête et cul-de-lampe par *B.-L. Prévost*, gravés par *de Launay, Baquoy* et *Prévost*. Bel exemplaire.

2529. Carnot. Mémoires sur (Lazare) Carnot, par son fils (Hippolyte Carnot). *Paris, Pagnerre,* 1861-1863 ; 2 tomes en 4 vol. in-8, portr., br.   10 fr.

2630. Caro (Annibal). La Chanson de la Figue, ou la Figuéide de Molza, commentée par Annibal Caro (XVIe siècle). Traduit en Français pour la première fois, texte Italien en regard. *Paris, Liseux,* 1886 ; pet. in-8, demi-rel. dos et coins de mar. rouge, tête dor., *non rog.* 20 fr.

> On sait, ou l'on pourra deviner ce que les Italiens entendent par la « figue », comme ils appellent autre chose le « melon » ou la « pêche », par analogie de configuration. Horace donne à l'objet son nom propre, observant que, bien avant Hélène, il avait été la cause la plus active des guerres (*belli teterrima causa*). Nos modernes, plus discrets, le couvrent d'une gaze plus ou moins transparente, et pour Rabelais lui-même, pour Béroalde de Verville, c'est le « comment ha nom ? ».

2631. Castel (René-Richard-Louis). Les Plantes, poëme. Nouvelle édition revue avec soin. *Paris, Deterville, (impr. Jules Didot),* 1823 ; in-8, veau gris, dos orné, dent. et milieux à froid, tr. dor. (*Thouvenin*).   15 fr.

> Exemplaire ayant appartenu au comte Louis de Chevigné.

2632. Casti. La Papesse, nouvelle en trois parties et en vers. Traduite en français pour la première fois, texte italien en regard, avec les notes et pièces justificatives. *Paris, Liseux,* 1878 ; in-18, br. 6 fr.

> Épuisé. Très rare.

2633. Castil-Blaze. Molière musicien. Notes sur les œuvres de cet illustre maître, et sur les drames de Corneille, Racine, Quinault, Regnard, etc., ou se mêlent des considérations sur l'harmonie de la langue française. *Paris, Castil-Blaze,* 1862 ; 2 vol. in-8, br. 6 fr.

2634. Cavelier fils (G.). Les Souverains du Monde, ouvrage qui fait connaître la généalogie de leurs maisons, avec un catalogue des auteurs qui en ont le mieux écrit. *Paris, G. Cavelier,* 1718 ; 4 vol. in-12, veau granit.   10 fr.

> 20 planches avec 200 blasons gravés sur cuivre.

2635. Cazin (F.-J.). Traité pratique et raisonné des Plantes médicinales indigènes. Troisième édition, revue et augmentée par le docteur Henri Cazin. *Paris, Asselin,* 1868 ; gr. in-8, br.   12 fr.

> L'atlas renferme 200 figures coloriées, tirées sur 40 planches.

2636. Cazotte (Jacques). Le Diable amoureux. Préface de A.-J. Pons. Eaux-fortes de F. Buhot. Variantes et bibliographie. *Paris, Quantin,* 1878 ; in-8, portr., br.   7 fr.

> Texte encadré d'un filet rouge.

2637. Cazotte (Jacques). Œuvres badines et morales, historiques et philosophiques. *Paris, Bastien,* 1817 ; 4 vol. in-8, cart. toile, *non rognés.*   35 fr.

> Cette édition illustrée de figures, en taille-douce, renferme la suite des gravures attribuées à *Moreau* pour le Diable amoureux.

2638. Cent nouvelles (Les dix dizaines des) nouvelles, réimprimées par les soins de D. Jouaust, avec notice, notes et glossaire par Paul Lacroix. *Paris, Libr. des bibliophiles,* 1874 ; 4 vol. in-8, demi-rel. mar. vert, tête dor., *non rog.* 80 fr.

> Jolies eaux-fortes de *Jules Garnier.*

2639. Cervantes. Histoire de l'admirable Don Quichotte de la Manche (traduite par Filleau de Saint-Martin). — Nouvelles de Michel de Cervantes. *Amsterdam et Leipzig, Arkstée et Merkus,* 1768 ; 8 vol. in-12, veau fauve, dos orné, fil. (*Rel. anc.*).   45 fr.

> Bel exemplaire avec les jolies figures de *Coypel,* gravées par *Folkema* et *Fokke.*

2640. Chailley. L'impôt sur le Revenu. Législation comparée et économie politique. *Paris, Guillaumin,* 1884 ; in-8, br.   3 fr.

2641. Challamel (Augustin). Histoire de la Liberté en France depuis les origines jusqu'en 1789. *Paris, Furne,* 1886 ; 2 vol. in-8, br.   8 fr.

2642. Cham. Nos Gentils hommes. Goût, tournure, élégance, mœurs et plaisirs de la jeunesse dorée. *Paris, Aubert, s. d.* ; in-4, cart. 12 fr.

> Titre et 20 lithographies.

2643. Champagne. Vues pittoresques de l'ancienne France, lithographiées d'après nature. *Paris,* 1845 ; in-fol., cart., *non rogné.*

Et de Livres anciens et modernes

REIMS et ses environs, 117 pl. 100 fr.
TROYES et ses environs, 72 pl. 65 fr.
CHALONS et ses environs, 42 pl. 40 fr.
MEAUX, PROVINS, CHATEAU-THIERRY,
58 pl.   50 fr.

2644. Champfleury. Recherches sur les origines et les variations de la légende du Bonhomme Misère. *Paris, Poulet-Malassis,* 1861 ; in-8, br.   10 fr.

> Rare.

2645. Chanson (la) de Roland. Traduction nouvelle, avec une introduction et des notes par Adolphe d'Avril. *Paris, Vve Duprat,* 1865 ; in-8, br.   4 fr.

> PAPIER VERGÉ.

2646. Chansons. XVe livre de Chansons pour danser et pour boire. *Paris, Robert Ballard,* 1646 ; pet. in-8, mar. vert, dos orné, fil., tr. dor. (*David*).   50 fr.

> Ce recueil renferme 46 chansons par Mollier, Boyer, Beaulieu et autres.
> Bel exemplaire.

2647. Chansons. Nouveau recueil de Chansons choisies avec les airs notés. *A Genève,* 1785 ; 3 vol. in-16, veau, dos orné, dent. int. (*Rel. anc.*).   15 fr.

2648. Chansons. Le Souvenir des Ménestrels, contenant une collection de romances inédites ou des plus jolies qui ont paru dans le courant de l'année 1819. *Paris, Vve Benoist,* 1820 ; in-16, cart. soie, tr. dor.   15 fr.

> Volume entièrement gravé, texte et musique.
> Figures de *Garnerey, Chasselat, Géricault* et *Aubry*.

2649. Chansons populaires des provinces de France. Notices par Champfleury, accompagnement de piano par J.-C. Wekerlin. *Paris, Bourdilliat,* 1860 ; gr. in-8, demi-rel. dos et coins de mar. rouge, dos orné, tête dor., *non rogné.* 30 fr.

> Illustrations par *Bida, Bracquemond, Courbet, Flameng, Morin, Staal,* etc.
> Bel exemplaire.

2650. Chansonnier (Le) des Graces, avec 42 airs gravés. *Paris, F. Louis,* 1813 ; in-16, mar. vert, dos orné, dent , tr. dor. tabis (*Lefebvre*).   15 fr.

> Joli recueil orné d'un frontispice de *Chasselat.*

2651. Chants et chansons de la Bohême. *Paris, Bry,* 1853 ; in-12, br.   4 fr.

> Chansons de Murger, Dupont, Mathieu, Vincent, Bry, Barré, Delvau, Duvernoy, Chatillon, etc.
> 26 dessins de *Nadar* gravés sur bois.

2652. Chants et Chansons populaires de la France. Première-(troisième) série. *Paris, H.-L. Delloye,* 1843 ; 3 vol. gr. in-8, fig., cart., *non rognés.*   450 fr.

> Bel exemplaire de PREMIER TIRAGE imprimé par Félix Locquin, de cette superbe publication illustrée par *Daubigny, Grandville, Meissonier* et autres, de figures gravées sur acier.
> Exemplaire dans son cartonnage illustré de publication.

2653. Chanzy (général). La Deuxième armée de la Loire. *Paris, Henri Plon,* 1871 ; in-8 et atlas in-fol., br.   5 fr.

2654. Chapuis (Gabriel). Histoire du royaume de Navarre, contenant de roy en roy tout ce qui est advenu de remarquable dès son origine. *Paris, Nicolas Gilles,* 1596 ; in-8, veau granit.   15 fr.

> Bon exemplaire ayant son titre doublé.

2655. Chauveau. Vie de Charles-Melchior-Artus, marquis de Bonchamps, général vendéen. *Paris, Bleuet,* 1817 ; in-8, br.   6 fr.

> Légères mouillures. Le portrait manque.

2656. Chénier (Marie-Joseph de). Charles IX, ou l'école des rois, tragédie. *Paris, Bossange,* 1790 ; in-8, portr., cart., *non rogné.* 12 fi.

> ÉDITION ORIGINALE.

2657. Chénier (Mme). Lettres grecques de Madame Chénier, précédées d'une étude sur sa vie par Robert de Bonnières. *Paris, Charavay frères,* 1879 ; in-8 carré, demi-rel. dos et coins de mar. brun, dos orné, tête dor., *non rogné.*   6 fr.

> Illustrations par *Dubufe fils.*

2658. Chennevières (Marquis de). Les Derniers Contes de Jean de Falaise (par le marquis de Chennevières), avec une eau-forte de Jules Buisson. *Paris, Poulet-Malassis,* 1860 ; in-12, cart., *non rognés.*   7 fr.

2659. Chérin. Abrégé chronologique d'édits, déclarations, régle-

Achat de Bibliothèques

mens, arrêts et lettres-patentes des rois de France de la troisième race, concernant le fait de la noblesse ; précédé d'un discours sur l'origine de la noblesse. *Paris, Royez,* 1788 ; in-12, bas. 8 fr.

2660. **Chertablon.** La Manière de se bien préparer à la Mort, par des considérations sur la Cène, la Passion et la Mort de Jésus-Christ, avec de très belles estampes emblématiques. *Anvers, Georges Gallet,* 1700 ; in-4, br. 60 fr.

42 figures de *Romain de Hooge,* en très belles épreuves.

2661. **Choiseul-Gouffier.** Voyage pittoresque de la Grèce. *Paris,* 1782 ; in-fol., veau fauve, dos orné, dent., tr. dor. (*Rel. anc.*). 50 fr.

Tome premier seul, de cet important et bel ouvrage illustré de 127 planches par *Moreau, Huet* et *Choiseul-Gouffier.* Charmants culs-de-lampe par *Huet* et *Aug. Saint-Aubin.*

2662. **Choisy** (Abbé de). La Vie de Saint Louis. *Paris, Claude Barbin,* 1689 ; in-4, veau. 12 fr.

Jolie vignettes en-têtes.

2663. **Chronique** du roy François premier de ce nom, publiée par Georges Guiffrey. *Paris, Vve Renouard,* 1860 ; in-8, cart., *non rogné.* 5 fr.

De la collection de la *Société de l'histoire de France.*

2664. **Chroniques** de Saint-Martial de Limoges, publiées par H. Duplès-Agier. *Paris, veuve J. Renouard,* 1874 ; in-8, br. 5 fr.

De la collection de la *Société de l'histoire de France.*

2665. **Chronologie** des Gentilshommes reçus à la Chambre de la Noblesse des Etats du pays et comté de Hainaut depuis 1530 jusqu'en 1779. *Paris, Saillant,* 1780 ; gr. in-fol., cart. 50 fr.

Tableaux généalogiques avec armoiries gravées sur cuivre.

2666. **Cicquot.** Les Paraboles de Cicquot en forme d'aduis sur l'estat du roy de Nauarre. *Paris, jouxte la Coppie imprimée à Lyon,* 1593 ; mar. bleu jans., tr. dor. (*Belz-Niedrée*). 50 fr.

Libelle facétieux dirigé contre Henri IV, dont l'auteur s'est dissimulé sous le nom de Chicot, fou de cour qui vivait alors.

2667. **Clairambault-Maurepas** (Recueil). Chansonnier historique du XVIIIe siècle. Publié avec introduction, commentaire, notes et index par Emile Raunié. *Paris, Quantin,* 1879-1884 ; 10 vol. pet. in-8, br. 35 fr.

PAPIER VERGÉ. Portraits à l'eau-forte par *Rousselle.*

2668. **Claretie** (Jules). Les Derniers Montagnards. Histoire de l'insurrection de prairial an II (1795). *Paris, Lacroix,* 1867 ; in-8, br. 4 fr. 50

2669. **Claretie** (Jules). Le Drapeau. *Paris, C. Lévy,* 1886 ; petit in-8, br. 100 fr.

Frontispice et vignettes par *Kauffmann.* Édition tirée à 225 exemplaires sur PAPIER VÉLIN DU MARAIS.

2670. **Cleland** (John). Mémoires de Fanny Hill (XVIIIe siècle) entièrement traduits de l'anglais pour la première fois par Isidore Liseux. *Paris,* 1887 ; in-8 écu, br. 45 fr.

Cette traduction des *Memoirs of a woman of pleasure* est la seule complète. Ce livre célèbre, qui nous donne des renseignements particuliers sur la vie anglaise au siècle dernier, *n'a jamais été littéralement traduit.* Toutes les nombreuses éditions qui en ont été faites ne donnent qu'un faible aperçu du texte primitif. John Cleland, poursuivi par la misère, écrivit ce curieux volume ; ses amis et protecteurs lui firent de vifs reproches, ils lui procurèrent même un emploi et l'argent nécessaires pour racheter tous les exemplaires qu'il put retrouver et qui furent détruits. Cette traduction n'a été faite que pour les amis de l'éditeur et n'a été tirée qu'à 165 exemplaires numérotés.

2671. **Clément** (Pierre). Une abbesse de Fontevrault au XVIIe siècle. Gabrielle de Rochechouart de Mortemart. *Paris, Didier,* 1869 ; in-8, portr., br. 4 fr.

PAPIER VERGÉ.

2672. **Clément** (Pierre). Le Gouvernement de Louis XIV ou la Cour, l'administration, les finances et le commerce de 1683 à 1689. *Paris, Guillaumin,* 1848 ; in-8, br. 5 fr.

2673. **Cléry.** Journal de ce qui s'est passé à la tour du Temple pendant la captivité de Louis XVI, roi de France. *Londres, l'auteur, impr. de Baylis,* 1798 ; in-8, front., bas. 7 fr.

ÉDITION ORIGINALE.

2674. **Clochar** (P.). Palais, maisons et vues d'Italie, mesurés et dessinés par P. Clochar, architecte. *Pa-*

Et de Livres anciens et modernes

ris, 1809 ; in-fol., demi-rel. dos et coins de veau vert.   35 fr.

102 planches gravées au trait.

2675. **Cocu** (le) content, ou le véritable miroir des amoureux. Histoire nouvelle et galante. *Sur l'imprimé à Amsterdam, Jean Wijnk (Rouen),* 1702 ; pet. in-12, mar. bleu, dos orné, fil., tr. dor. (*Ducastin*). 15 fr.

Nouvelle édition du roman attribué à *G. Bremond* publié d'abord sous le titre du « Double Cocu ».

2676. **Coignet.** François Ier, portraits et récits du XVIe siècle, par Mme C. Coignet. *Paris, Plon,* 1885 ; in-8, br.   4 fr.

2677. **Colardeau.** Œuvres. *Paris, Ballard et le Jay,* 1779 ; 2 vol. in-8, veau fauve, dos orné, fil., tr. dor. (*Rel. anc.*).   40 fr.

Bel exemplaire orné d'un portrait de l'auteur d'après *Voiriot* et de 11 jolies figures de *Monnet*, gravées par *Legrand, Mathieu, de Launay, Baquoy, Helman,* etc.

2678. **Collas** (B.-C.). La Turquie en 1861. *Paris, Franck,* 1861 ; in-8, br.   2 fr. 50

2679. **Collection complète des Tableaux historiques** de la Révolution française. *Paris, Auber (imprimé par Didot aîné), an X,* 1802 ; 3 vol. in-fol., pl. et portr., demi-rel. veau fauve, dos orné, *non rognés* (*Rel. anc.*).   450 fr.

Un des ouvrages les plus remarquables sur la Révolution française, publié, dans cette édition, avec le texte de l'abbé Fauchet et de Chamfort, revu et expurgé par Ginguené et Pagès.
Il est illustré en totalité de 213 planches, qui en font un des documents les plus consultés, par la précision et l'exactitude avec lesquelles les évènements les plus marquants de cette époque ont été rendus. Ces planches, dues aux meilleurs artistes de la fin du XVIIIe siècle, comprennent : 3 frontispices de *Fragonard fils*, gravés par *Malapeau et Copia* : 144 planches de scènes et de batailles dessinées par *Delvaux, Duplessi-Bertaux, Fragonard fils, Girardet, Meunier, Ozanne, Prieur, Swebach-Desfontaines et Veny,* gravées par *Berthault, Choffard, Coiny, Desault, Duparc, Duplessi-Bertaux, Dupréel, Girardet, Lépine, Le Gouaz, Malapeau, Niquet et Pélicier* ; et 66 portraits-médaillons gravés d'après *Levacher,* par *Chinard, Girard et Mme Lebrun,* avec autant de scènes de la vie des personnages représentés, dues au crayon et au burin délicat de *Duplessi-Bertaux.*
Très bel exemplaire entièrement NON ROGNÉ.

2680. **Collection** de poésies, romans, chroniques, etc., publiée d'après d'anciens manuscrits et d'après des éditions des XVe et XVIe siècles. *Paris, Silvestre et Potier (impr. de Crapelet, puis de Lahure),* 1838-1858 ; 23 vol. in-16 goth., fig., br.   55 fr.

Cette collection, l'une des mieux imprimées en ce genre, comprend : 1. Les sept Marchands de Naples. — 2. Maistre Aliborum. — 3. Sensuyvent plusieurs belles chansons. — 4. Le roman de Richart, fils de Robert le Diable. — 5. Moralité à l'honneur de la glorieuse Assumption, par J. Parmentier. — 6. Les Proverbes communs (par Jean de la Vêperie). — 7. Nativité de N. S. Jésus Christ par personnages. — 8. Miracle de N. D. de Berthe. — 9. Bigorne qui mange tous les hommes. — 10. Mirouer des femmes vertueuses. — 11. Miracle de N. D. de la marquise de la Gaudine. — 12. Le Mystère de la vie et histoire de Mgr Sainct Martin. — 13. Le Songe de la thoison d'or. — 14. L'hystoire plaisante du noble Syperis de Vinevaulx. — 15. La guerre et le débat entre la langue, les membres et le ventre. — 16. Le Chevalier délibéré. — 17. Les grans regretz et complainte de Mlle du Pallays. — 18. Listoyre de Pierre de Provence. — 19. Le Temple donnour par Jehan Froissart. — 20. Les Cronicques de Gargantua. — 21. Le Testament de Lucifer, par P. Gringore. — 22. Le Roman de Edipus. — 23. M. Hambrelin. — 24 et dernier (manque).

2681. **Collection** des anciens monuments de l'histoire et de la langue française, publiée par G.-A. Crapelet. *Paris, impr. Crapelet,* 1829-1835 ; 14 vol. gr. in-8, demi-rel. dos et coins de cuir de Russie, tête dor., *non rognés.*   200 fr.

Cette collection comprend :
Vers sur la mort, par Thibaud de Marly. — Lettres de Henri III à Anne Boylen, portr. — Le combat des trente bretons contre les trente anglois, fig. et fac-similé. — Histoire de la passion de Jésus-Christ, par Olivier Maillard. — Le Pas d'armes de la Bergère, fig. et fac-similé. — L'histoire du châtelain de Coucy et de la dame du Fayel, fig. et fac-similé. — Chansons du châtelain de Coucy, pl. — Cérémonies des gages de bataille, avec 11 figures. — Proverbes et dictons populaires, fac-similés. — Poésies morales et historiques d'Eustache Deschamps, fac-similé. — Tableau des mœurs au Xe siècle. — Les demandes faites par le roi Charles VI, 10 pl. et fac-similé. — Partonopeus de Blois. 2 vol., fac-similés.
Très bel exemplaire sur GRAND PAPIER VÉLIN.

2682. **Collection** des Petits Conteurs du XVIIIe siècle. *Lyon, Lemonnyer,* 1878-1880 ; 8 vol. pet. in-8, br.   80 f.

Contes et Nouvelles en vers, 2 vol. — Le Fond du sac, 2 vol. — Contes et Nou-

Achat de Bibliothèques

velles en vers, de La Fontaine, 2 vol. — La Pucelle d'Orléans, 2 vol.

L'un des 50 exemplaires sur PAPIER DE CHINE, imprimé en caractères elzéviriens et orné de charmantes vignettes par *Duplessi-Bertaux, J. Garnier* et autres.

2683. Collection universelle des Mémoires particuliers relatifs à l'Histoire de France (Recueillis par Roucher, Ant. Perrin, L. Dussieux et autres, publiés avec des observations par Duchesnay). *Londres et Paris*, 1785-1791 ; 71 vol. in-8, veau (*Rel. anc.*).   125 fr.

Joinville. — Duguesclin. — Boucicaut. — La Marche. — Commines. — Jean de Troyes. — Du Bellay. — Montluc. — Tavannes. — Vieilleville. — Boivin. — Rabutin. — Castelnau. — Cheverny. — Marguerite de Valois. — Cayet. — Villeroy. — Brantôme. — Etc.

2684. Collet (A.). Navigation astronomique simplifiée. *Paris, Gauthier-Villars*, 1891 ; in-4, br. 4 fr.

Publié à 10 fr.

2685. Collin de Plancy. Légendes des douze Convivres du chanoine de Tours. *Paris, Plon, s. d.;* br., couv. ill. en couleur.   6 fr.

Frontispice et figure en chromolithographie.

2686. Colomb (Mme). Franchise. *Paris, Hachette,* 1880; in-8, br. 3 fr.

133 vignettes sur bois par *Delort.*

2687. Colonna (F.). LA HYPNEROTOMACHIA DI POLIPHILO, cioe pugna d'amore in sogno. Dov' egli mostra, che tutte le cose humane non sono altro che sogno : et dove narra molt' altre cose degne di cognitione. Ristampato di novo et riccorrecto con somma diligentia, a maggior commodo de i lettori. *In Venetia*, 1545. (A la fin :) *In Vinegia, in casa de' figliuoli di Aldo, nell' anno* 1545 ; in-fol. de 234 ff. non chiffr., fig. sur bois, vélin, milieux doré, tr. dor. et ciselée. 500 fr.

Bel exemplaire, dans sa reliure primitive.
La figure du *Priape* est intacte.

2688. Commines. Cronique et Hystoire faicte et composee par feu messire de Comines chevalier, seigneur Dargenton, contenant les choses advenues durant le regne du roy Loys unziesme, tant en France, Bourgongne, Flandre, Arthoys, Angleterre que Espaigne, et lieux circonvoisins. Nouvellement

reveue et corrigee, avec la table des chapitres contenuz en ladicte Cronique. *Il se vend a Lyon sur le Rosne en la maison Claude Nourry, dit le Prince : aupres de nostre dame de Confort. (À la fin :)... Et fut achevee dimprimer le xij. jour du mois Davril lan mil cinq cens xxvj (1526), par Claude Nourry dit le Prince demourant à Lyon sur le Rosne pres nostre dame de Confort;* in-4 goth. de 4 ff. lim. et 108 chiffrés à longues lignes, titre rouge et noir, gravure sur bois au verso du titre, mar. rouge, jans., tr. dor. (*Trautz-Bauzonnet*) 325 fr.

Cinquième édition, très rare, de la *Chronique* de Commines. La première est celle de *Paris, Galliot Du Pré,* 26 avril 1524. Voyez F. Vander Haeghen, *Bibliotheca Belgica.*
Très bel exemplaire, rempli de témoins.

2689. Commines. Mémoires de messire Philippe de Comines, seigneur d'Argenton. Augmentez de plusieurs traitez, contracts, testaments, actes et observations par M. Denys Godefroy. *Brusselle, Franç. Foppens,* 1714 ; 4 vol. in-8, portr., veau marbr. dos orné (*Rel. anc.*).   25 fr.

Bonne édition. Le 4ᵉ volume forme le supplément.

2690. Comptes (les) du Monde aventureux. Texte original avec notice, notes et index par Félix Franck. *Paris, Alph. Lemerre,* 1878; 2 vol. in-12, br.   10 fr.

Cinquante-quatre récits, parmi lesquels un certain nombre d'historiettes d'importation italienne, dont dix-neuf sont tirés du « Novellino » de Masuccio Salernitano.

2691. Comte de Gabalis (le), ou entretiens sur les Sciences secrètes. *Paris, Claude Barbin,* 1670; in-12, mar. rouge, dos orné, fil., tr. dor. (*Rel. anc.*).   125 fr.

ÉDITION ORIGINALE.
Ce rare ouvrage a été composé en partie par l'abbé Monfaucon de Villars, dauphinois, d'après *La Chiave del Cabinetto* de G.-F. Borri.

2692. Confucius. Pensées morales de Confucius, recueillies et traduites du latin, par M. Levesque. *Paris, Didot et de Bure,* 1782 ; in-12, veau.   5 fr.

De la collection des Moralistes anciens.
De la même collection, on a relié à la suite : Pensées morales de divers auteurs Chinois, traduites par M. Levesque.

Et de Livres anciens et modernes

2693. Conjuration (la) de Conchine. *Paris, Pierre Rocolet*, 1618; pet. in-8, veau fauve, dos orné (*Rel. anc.*). 25 fr.

Attribué à Pierre Mathieu, par le cat. Leber (ce qui paraît le plus plausible), et à Michel Thevenin par le P. Lelong.

Exemplaire aux armes de Auguste-Léon BULLION, marquis de BONNELLES, grand prieur de l'ordre de Malte.

2694. Constant. Mémoires de Constant, premier valet de chambre de l'Empereur, sur la vie privée de Napoléon, sa famille et sa cour. *Paris, Ladvocat*, 1830-1831 ; 6 vol. in-8, demi-rel. veau vert, *non rognés*. 35 fr.

Ces intéressants mémoires, publiés sous le nom de Constant Wairy, furent rédigés par J.-B. de Roquefort, Meliot frères, Aug. Luchet, Nisard, et de Villemarest.

2695. Conty (Prince de). Les Devoirs des Grands, par Msr le prince de Conty, avec son testament. *Paris, Claude Barbin*, 1666; pet. in-8, mar. rouge jans., tr. dor. (*Hardy-Mennil*). 20 fr.

ÉDITION ORIGINALE publiée par de Vigan, gouverneur des pages du prince. Bel exemplaire grand de marges.

2696. Cooper (Fenimore). Les Pionniers. Traduction de M. P. Louisy. *Paris, Firmin Didot*, 1885 ; gr. in-8, br. 7 fr.

Illustrations d'Andriolli, gravées sur bois par J. Huyot.

2697. Cooper (Fenimore). La Prairie. Traduction de M. P. Louisy. *Paris, Firmin-Didot*, 1885; gr. in-8, br. 7 fr.

Illustrations d'Andriolli gravées sur bois par J. Huyot.

2698. Coppée (Fr.). Mon Franc parler. *Paris, Lemerre*, 1895-1896 ; 2 vol. in-18, br. 9 fr.

Édition originale. 3ᵉ et 4ᵉ séries: Grand papier. Faux-titres mutilés.

2699. Coquille (Guy). Questions et responses sur les coustumes de France, par M. Guy Coquille, sieur de Romenay. *Paris, Abel l'Angelier*, 1618 ; in-4, vélin. 20 fr.

Légère mouillure.

2700. Corneille (Pierre). Le Théâtre de P. Corneille. Reveu et corrigé par l'autheur. *Imprimé à Rouen et se vend à Paris, chez Th. Jolly,* 1664 ; 2 vol. in-fol., portr. et front., veau. 200 fr.

Édition dont le texte a été revu par Corneille pour la troisième fois. Bel exemplaire avec témoins.

2701. Corneille (Thomas). Théâtre complet. Nouvelle édition précédée d'une notice par M. Edouard Thierry. *Paris, Laplace*, 1881 ; gr. in-8, demi-rel. chagrin vert, plats toile, tr. dor. 12 fr.

Portrait et figures en couleur par *Edouard Follet.* Envoi à Ch. Monselet.

2702. Correspondance de Mme Gourdan, dite la Comtesse, augmentée de 10 lettres inédites dont deux fac-similées, suivie de la description de sa maison et de diverses curiosités qui s'y trouvent avec un recueil de chansons à l'usage de ses soupers. *Londres (Poulet-Malassis)*, 1866 ; in-12, front., br. 20 fr.

Rare.

2703. Correspondance entre Boileau-Despréaux et Brossette, avocat au parlement de Lyon, publiée sur les manuscrits originaux par Aug. Laverdet. Introduction par J. Janin. *Paris, Techener*, 1858 ; gr. in-8, demi-rel. dos et coins de mar. brun, tête dor., *non rog.* (*Capé*). 20 fr.

L'un des 25 exemplaires tirés sur GRAND PAPIER DE HOLLANDE.

2704. Correspondance originale des émigrés ou les émigrés peints par eux-mêmes (publiée par A. Rousselin). *Paris, Buisson*, 1793 ; in-8, br. 4 fr.

2705. Corrozet (Gilles). Les Antiquitez croniques et singularitez de Paris, ville capitale du royaume de France avec les fondations et bastiments des lieux ; les sépulchres et épitaphes des princes, princesses et autres personnes illustrés, par Gilles Corrozet, Parisien, et depuis augmentées par N. B. (Nicolas Bonfons), Parisien. *Paris, Nicolas Bonfons*, 1586-1588 ; 2 tomes en un vol. in-8, peau de truie, dos orné, fil. à froid, tr. dor. (*Trautz-Bauzonnet*). 175 fr.

Ouvrage des plus précieux pour l'histoire de Paris, particulièrement pour les épitaphes que renfermaient alors les églises et monastères de cette ville.

Rare édition, la première où paraissent les figures de *Rabel*, représentant les sépultures des rois et autres grands personnages célèbres.

2706. Costumes de la Chine avec des explications en anglais et en français. *Londres, Miller,* 1804 ; in-4, mar. rouge, dos orné, tr. dor.   60 fr.

60 planches coloriées.

2707. Courcelles (Marquise de). Mémoires de la Marquise de Courcelles, née Marie-Sidonia de Lénoncourt et sa correspondance, précédés de sa vie et de son procès. *Paris, Académie des bibliophiles,* 1869 ; in-8, br.   7 fr.

PAPIER VERGÉ.

2708. Courmes (Alfred). Jours d'amour. *Paris, Chapentier,* 1885 ; in-18, br.   6 fr.

ÉDITION ORIGINALE. Un des 25 exemplaires sur PAPIER DE HOLLANDE.

2709. Cours gastronomique ou les diners de Manant-Ville, ouvrage anecdotique, philosophique et littéraire. Seconde édition, dédiée à la société épicurienne du caveau moderne, séante au rocher de Cancalle, par feu M*** (Cadet-Gassicourt). *Paris,* 1809 ; in-8, demi-rel. veau vert.   6 fr.

2710. Cousin (Charles). Racôntars illustrés d'un vieux collectionneur. *Paris, libr. de l'Art,* 1887 ; gr. in-4, br.   60 fr.

Très belle publication, imprimée sur PAPIER DU JAPON, ornée de 50 planches hors texte : eaux-fortes, chromolithographies, etc., et de nombreux fac-similés d'autographes d'Octave Feuillet, duc d'Aumale, Camille Doucet, Coppée, etc.

2711. Coustumes de la prevosté et vicomté de Paris. Troisième édition, augmentée de nouvelles observations et arrests de la Cour sur chaque article par M. J. Tournet, advocat. *Paris, Gervais Alliot,* 1631 ; in-16, vélin.   15 fr.

A la fin du volume se trouve une table alphabétique, donnant la nomenclature de tous les Lieux régis par la coutume de Paris. — Signature sur le titre.

2712. Coustume (La) du duché de Bourgongne, enrichie des commentaires faicts sur son texte par les Srs Begat, président, et Depringlé, advocat au parlement de Dijon (par Jean Grégoire). *Imprimé à Lyon, et se vend à Chalon-sur-Saône, chez Pierre Cusset,* 1652; in-4, veau. 15 fr.

2713. Crébillon fils. La Nuit et le Moment, ou les matines de Cythere, dialogue. Nouvelle édition. *Londres et se trouve a Amsterdam (Paris),* 1776 ; in-12, mar. citron, dos orné, fil., tr. dor. *(Hardy).*   25 fr.

Joli exemplaire.

2714. Créquy (Marquise de). Souvenirs, de 1710 à 1803. Nouvelle édition, revue, corrigée et augmentée. *Paris, Garnier* (1855); 10 tomes en 5 vol. in-12, demi-rel. chagr. rouge, *non rognés.* 15 fr.

Le rédacteur de ces mémoires est Causen de Saint-Malo.

2715. Cronica (La) del Rey don Rodrigo, con la destruycion de España, y como los moros la ganaron. Nuevamente corregida, contiene de mas dela historia, muchas bivas razones y avisos muy provechosos. *En Toledo, en casa Juan ferrer,* 1549 ; pet. in-fol., mar. rouge, milieux, doublé de mar. La Vallière, riches comp. de fil. courbes avec fers azurés, tr. dor. *(Chambolle-Duru, rel. — Marius-Michel, dor.)*   250 fr.

Cette très rare édition de la Chronique du Cid est en 203 ff. à 2 col. imprimés en caractères gothiques, les 8 ff. suppl. de table manquent. Le titre en rouge et noir est surmonté d'une grande figure sur bois. Exemplaire d'une bonne conservation.

2716. Coxe. Histoire de la maison d'Autriche depuis Rodolphe de Hapsbourg jusqu'à la mort de Léopold II (1218-1792), par W. Coxe, traduite de l'anglais par P.-F. Henry. *Paris, Nicolle,* 1809-1810 ; 5 vol. in-8, demi-rel. veau. 10 fr.

2717. Daly (César). L'Architecture privée au XIXe siècle. 2e série. Nouvelles maisons de Paris et des environs. *Paris, Ducher,* 1872 ; 3 vol. in-fol., en cartons.   100 fr.

110 planches.

2718. Damhoudère. Praxis rerum criminalium iconibus materiæ subjectæ convenientibus, pulchrius quam unquam hactenus recognita atque illustrata, multis quoque in contextu doctis additionibus locupletata, prætoribus, proprætoribus, consulibus, proconsulibus, magistratibus, reliquisque id genus justiariis ac officiariis apprimè utilis et necessaria: *Antverpiæ, apud Joan. Bellerum,* 1562 ; pet. in-4, demi-rel. veau.   50 fr.

Ouvrage illustré de très curieuses figures sur bois, représentant les divers crimes et délits commis contre les personnes et la société.

2719. **Dandré-Bardon.** Costumes des anciens peuples. *Paris, Jombert,* 1772-1774 ; 2 vol. in-4, veau fauve, dos orné, fil. *(Rel. anc.)* 60 fr.

362 planches gravées sur cuivre. Bel exemplaire.

2720. **Dardel** (René). Monographie du palais du Commerce élevé à Lyon, par René Dardel, accompagnée d'un texte historique et descriptif. *Paris, Morel (impr. à Lyon, par L. Perrin),* 1868 ; in-fol., demi-rel. chagrin rouge, dos orné, tête dor., *non rogné.*   50 fr.

Très bel ouvrage orné de 48 grandes planches gravées sur cuivre.

2721. **Darwin** (Charles). De l'Origine des Espèces par sélection naturelle, ou des lois de transformation des êtres organisés. Traduit par Clémence Royer. *Paris, Guillaumin,* 1864 ; in-8, demi-rel. chagrin vert.   5 fr.

Deuxième édition française de cet ouvrage célèbre.

2722. **Daudet.** Tartarin sur les Alpes, nouveaux contes du héros tarasconais. *Paris, Calmann Lévy,* 1885 ; in-8, br.   30 fr.

Exemplaire sur PAPIER DU JAPON, illustré de vignettes par *de Beaumont, Aranda, Montenard, Myrbach* et *Rossi.*

2723. — Le même. *Paris, Calmann Lévy,* 1885 ; demi-rel. chagrin, tête dor., *non rogné.*   8 fr.

2724. **Débidour.** Histoire diplomatique de l'Europe depuis l'ouverture du Congrès de Vienne jusqu'à la clôture du congrès de Berlin (1814-1878). *Paris, Alcan,* 1891 ; 2 vol. in-8, br.   8 fr.

2725. **Decaisne** et **Naudin.** Manuel de l'Amateur des Jardins. Traité général d'horticulture. *Paris, Firmin-Didot,* s. d. (1862-1872) ; 4 vol. pet. in-8, cart., *non rognés.*   25 fr.

Figures sur bois de *Riocreux* gravées par *F. Leblanc.*

2726. **Decremps.** La Magie blanche dévoilée, ou explication des tours

surprenants qui font depuis peu l'admiration de la capitale et de la province. *Paris, Langlois,* 1784 ; in-8, br.   8 fr.

Joli frontispice gravé par *Hemery* d'après *Queverdo.* — Déchirure au dernier feuillet.

2727. **Dedon** (Général). Précis historique des Campagnes de l'armée du Rhin-et-Moselle, pendant l'an IV et l'an V, contenant le récit de toutes les opérations de cette armée sous le commandement du général Moreau. *Paris, Magimel* (1798) ; in-8, bas.   7 fr.

On a relié à la suite : Relation du passage du Rhin avec une carte du cours de ce fleuve.

2728. **Delavigne** (Casimir). Théâtre et poésies. *Paris,* 1819-1821 ; 4 tomes en un vol. in-8, demi-rel. 8 fr.

Les Vêpres siciliennes, tragédie. — Trois Messéniennes sur les malheurs de la France. — Les Comédiens, comédie. — Le Paria, tragédie ; front.

2729. **Delestre** (J.-B). Gros, sa vie et ses ouvrages. Deuxième édition augmentée. *Paris, Vve J. Renouard,* 1847 ; in-8, demi-rel. chagrin brun.   12 fr.

55 gravures dont 44 fac-similés de dessins et compositions du maitre.

2730. **Delisle de Sales.** De la Philosophie de la Nature, ou traité de morale pour le genre humain, tiré de la philosophie et fondé sur la nature (par J.-B.-C. Delisle de Sales). *A Londres et se trouve dans les principales capitales de l'Europe,* 1799 ; 7 vol. in-8, front., mar. rouge, dos orné, fil., tr. dor. *(Rel. anc.).*   150 fr.

Les préliminaires de l'ouvrage contiennent l'histoire de ce livre fameux, dont l'auteur avait été condamné dès l'apparition de la seconde édition au bannissement et à la confiscation de ses biens. Bel exemplaire.

2731. **Delafosse.** Nouvelle Iconologie historique, ou attributs hiéroglyphyques, par Jean Charles Delafosse, architecte. *Paris, l'auteur,* 1768 ; demi-rel. dos et coins, veau marbr.   300 fr.

Rare recueil bien complet, comprenant outre le texte gravé 109 planches dont une servant de frontispice, représentant des modèles de trophées, de vases, de cheminées, de fontaines, de cartels, de pendules, de consoles et autres sujets. Bon exemplaire grand de marges.

2732. **Dell' Uso** di percuotere l'A-
mica. Dissertazione erudito-ga-
lante tradatta del francese e dedicta
agli amanti. *Cosmopoli*, 1789 ;
in-16 carré, veau fauve.   10 fr.

2733. **Delvau** (Alfred). Les Plaisirs
de Paris. Guide pratique et illustré.
Paris, Ach. Faure, 1867 ; in-12,
br.   3 fr. 50

Vignettes sur bois.

2734. **Demoustier**. Lettres à Emi-
lie sur la Mythologie. *Paris, Renouard*, 1801 ; 6 vol. in-8, fig.,
basane, dos orné, dent., tr. dor.
(*Rel. anc.*).   40 fr.

Portrait par *Gaucher* et 36 figures de
Monnet, gravées par *Audouin* et *Gaucher*.

2735. **Denon**. Point de lendemain,
conte par Vivant Denon, suivi de
la Nuit merveilleuse. *Paris*, 1867 ;
in-8, demi-rel. dos et coins de
mar. rouge, dos orné, tête dor.,
non rogné.   25 fr.

Exemplaire en GRAND PAPIER avec
frontispice de *Rops*, tiré sur *Chine*.

2736. **Depping** (G.-B.). L'Angleterre ou description historique et
topographique du royaume uni de
la Grande-Bretagne, par G.-B.
Depping. *Paris, E. Ledoux*, 1824 ;
6 vol. in-12, cart. de l'édit., *non
rognés*.   20 fr.

75 figures en taille-douce.

2737. **Déroulède** (Paul). Chants du
soldat. *Paris, Calmann Lévy*,
1888 ; in-8, demi-rel. mar. brun,
non rogné.   8 fr.

Figures en noir et en couleurs gravées
par *Guillaume frères*.

2738. **Descamps** (J.-B.). La Vie
des Peintres flamands, allemands
et hollandais, avec des portraits
gravés en taille-douce, une indication de leurs principaux ouvrages,
et des réflexions sur leurs différentes manières. *Paris, C.-A.
Jombert*, 1753-1764 ; 4 vol. in-8,
cart.   75 fr.

Frontispice par *Descamps* gravé par
Lebas, 2 vignettes gravées par *Lemire*, et
171 portraits par *Descamps* et *Eisen*,
gravés par *Ficquet, Gaillard, Legrand,
Pinsio, Sornique*, etc.

2739. **Description** (nouvelle) de la
ville de Constantinople avec la relation du voyage de l'ambassadeur
de la Porte ottomane et de son

séjour à la Cour de France. *Paris,
Simart*, 1721 ; pet. in-12, veau. 8 fr.

Vues de Constantinople et figures gravées sur cuivre.

2740. **Desgraviers** (Auguste). Le
Parfait Chasseur, traité général de
toutes les chasses, avec un appen-
dice des meilleurs remèdes pour la
guérison des accidens et maladies
des chevaux de chasse et des
chiens courans. *Paris, Demonville*,
1810 ; in-8, bas.   15 fr.

Planches et musique des tons de chasse
gravées sur cuivre.

2741. **Deshoulières**. Poësie de Madame Deshoulières. Seconde édition. *Paris, Jean Villette*, 1694-
1695 ; 2 vol. in-8, veau.   25 fr.

La seconde partie est en ÉDITION ORIGI-
NALE.

2742. **Desportes** (Philippe). Pseau-
mes de David, mis en vers françois,
par Ph. Des Portes, abbé de Thiron.
Rouen, Raphaël du Petit-Val, 1592 ;
in-12, veau fauve, dos orné, fil.,
tr. dor. (*Bauzonnet-Trautz*). 50 fr.

Edition très rare, imprimée en caractères italiques et contenant 70 psaumes.

2743. **Desportes** (Philippe). Les
Premières Œuvres de Philippes
Des-Portes. Dernière édition reveue et augmentée. *Paris, Mamert
Patisson*, 1600 ; petit in-8, mar.
bleu, dos orné, dent., doublé de
mar. rouge, dent., tr. dor. (*Chambolle-Duru*).   250 fr.

Très bel exemplaire de l'une des plus
belles éditions, imprimée en caractères
italiques, des poésies d'un des meilleurs
poètes antérieurs à Malherbe.

2744. **Dessins**. RECUEIL DE SOIXANTE-
QUATRE DESSINS ORIGINAUX de Vues
et de Monuments anciens, de France
et de l'Etranger, exécutés de 1835
à 1845, à la mine de plomb, la plupart rehaussés de lavis, par J. Nash,
Chapuy, V. Lefranc et autres. In-4,
cart.   600 fr.

Ces vues, très finement et très artistique-
ment exécutées et prises directement sur
les lieux qu'elles représentent, offrent un
intérêt réel pour l'histoire monumentale
et archéologique des XIVᵉ, XVᵉ et XVIᵉ
siècles.

FRANCE. *Beauvais*. Chœur de l'église
S.-Pierre. — *Senlis*. Eglise S.-Pierre : Por-
tail nord de la Cathédrale. — *Orléans*.
Côté et façade de la Cathédrale. — *Brou*.
Intérieur de S.-Nicolas. — *Fontainebleau*.
Galerie de François Iᵉʳ ; Eglise : Cour
ovale. — *Blois*. Vue extérieure du château ;

Cour du palais ; Escalier du château. — *Bourges.* Façade de la cathédrale et portail du Midi. — *Sauvigny* (Allier). Eglise et Reliquaire de SS. Mayole et Odyle. — Château du Moulin en Sologne (Blésois). — *Compiègne.* Portail occidental de l'église S.-Antoine. — *Chambord.* La Terrasse. — *Beauvais.* S.-Etienne. — *Autun.* Cathédrale. — *Thaun* (Alsace). Eglise, façade latérale et abside. — *Paris.* Intérieur de S.-Julien-le-Pauvre. — *Strasbourg.* Une Rue. — *Tours.* Portail de S.-Symphorien. *Bonneval* (Eure-et-Loir). Porte S.-Jacques. — Ruines du château de Bonnazel (Aveyron). — *Les Andelys.* — *Gaillon.* Façade du château et Jardin. — *Gisors.* Eglise. — *Louviers.* Portail de l'Eglise. — *Bordeaux.* Tour S.-Michel.

ÉTRANGER. *Aix-la-Chapelle.* Cathédrale. — *Nuremberg.* Maison du S.-Sacrement à S.-Laurent ;.Porche de la Frauenkirch. — *Heidelberg.* Palais des chevaliers. — *Bruxelles.* Ancienne porte des Malines. — *Bâle.* Vue. — *Milan.* Intérieur du Dôme. — *Bergame.* Une place. — *Rosette* (Egypte). Environs. — *Thèbes.* Ruines d'un palais.

ESPAGNE. — *Cordoue.* Mosquée. — Vue de Pamplune ; vue de Rosas ; vue d'Hostalrich : chemin d'Urgel à Organa ; Vallée de la Segra ; Medias del Rey ; Rippal (2 vues); Barcelone (Santa-Maria del Mar, grand Autel de la cathédrale, Cloitre S.-Paul, vue prise de l'hôtel de Victa alegro); Cloitre de la Cathédrale de Gerone ; vue de Palma ; Monserrat (2 vues) : Place du Marché à Valence ; Place de l'hôtel-de-ville à Alicante ; et Ruines romaines à Mérida.

2745. Destouches (Néricault). Œuvres dramatiques. Nouvelle édition, revue, corrigée et augmentée de quatre pièces. *Paris,* 1774 ; 10 vol. in-12, veau marbré, dos orné. 20 fr.

2746. Dezallier d'Argenville. La théorie et la pratique du Jardinage, où l'on traite à fond des beaux jardins appelés les jardins de plaisance et de propreté. *Paris, P. Mariette,* 1747 ; in-4, veau marbré, tr. dor. (*Rel. anc.*). 45 fr.

Quatrième édition. plus complète que les précédentes. ornée de 48 planches gravées en taille-douce.

2747. Didon (le Père). Jésus-Christ. *Paris, Plon et Nourrit,* 1891 ; 2 vol. in-8, br. 9 fr.

2748. Dorat et **Mailhol.** Recueil d'Héroïdes. *Paris,* 1765-1766 ; 5 pièces en un vol. in-8, demi-rel. dos et coins de mar. bleu, dos orné, tr. dor. 30 fr.

Les Tourterelles de Zelmis. — Lettre du lord Velford. — Lettre de Gabrielle de Vergy. — Réponse de Valcour à Zéïla. — Epître à Catherine II.

1 frontispice, 5 figures, et 9 en-têtes et culs-de-lampe par *Eisen.*

2749. Dreux. Essai sur l'Amour par D***. Troisième édition augmentée de poésies diverses. *Paris, impr. Guilleminet,* 1802 ; in-16, cart. 10 fr.

Frontispice de *Binet,* gravé par *Lefèvre.* On a relié à la suite : *Contes à Rire d'un nouveau genre. Tome I*. Saverne, 1777 ; — et *Les Grâces à Confesse, par Henriquez.* Paris, 1804.

2750. Du Bellay (Martin). LES MÉMOIRES de Mess. Martin Du Bellay, Seigneur de Langey. Contenans le discours de plusieurs choses advenües au royaume de France, depuis l'an M.D.XIII, jusques au trespas du roy François premier, ausquels l'autheur a inséré trois livres, et quelques fragments des Ogdoades de Mess. Guillaume du Bellay, seigneur de Langey, son frère. *Paris, P. l'Huillier,* 1569 ; in-fol., mar. rouge souple à recouvr., tr. dor. (*Trautz-Bauzonnet*). 450 fr.

ÉDITION ORIGINALE, rare.

Exemplaire grand de marges, au chiffre du comte ROGER (du Nord), portant sur le titre la signature autographe du comte de VILLERS (XVIIe siècle).

2751. Dubuisson-Aubenay. Journal des Guerres civiles de Dubuisson-Aubenay, 1648-1652, publié par Gustave Saige. *Paris, Champion,* 1883 ; 2 vol. in-8, demi-rel. mar. vert, tête dor., *non rognés* (*Thierry*). 16 fr.

Exemplaire en GRAND PAPIER.

2752. Du Chastelet (Hay). Histoire de Bertrand du Guesclin, connestable de France et des royaumes de Léon, de Castille, de Cordouë et de Seville, etc. Composée nouvellement par messire P. H. seigneur D. C. (Paul Hay, seigneur du Chatelet). *Paris, Jean Guignard,* 1666 ; in-fol., veau granit, tr. marbr. (*Rel. anc.*). 40 fr.

Cette histoire est accompagnée de nombreuses preuves où l'on trouve les noms des chevaliers et des écuyers qui servirent sous les ordres de Duguesclin.

Bel exemplaire.

2753. Du Chesne. Les Antiquitez et Recherches des villes, chasteaux et places plus remarquables de toute la France. Divisées en huict livres selon l'ordre et le ressort des huict parlemens... par André Du Chesne, Tourangeau. *Paris, Jean Petti-*

pas, 1609 ; 2 tomes en un fort vol. in-8 réglé, mar. rouge, tr. dor. (*Trautz-Bauzonnet*, 1865). 150 fr.

ÉDITION ORIGINALE, très rare, de cet intéressant ouvrage fait à l'aide des précédents travaux de Belleforest, Jean Bouchet, Du Haillant, Du Tillet, Nic. Gilles, Jean Le Maire, P. Mathieu, Monstrelet, Paradin, Pasquier, J. de Serres, Taillepied, etc.

EXEMPLAIRE DE DÉDICACE, anciennement recouvert d'une reliure en vélin aux armes de Nicolas BRULART, marquis de SILLERY, Chancelier de France. Ces armes ont été découpées et rapportées à l'intérieur du premier plat de la nouvelle reliure.

2754. Duchesne (Aîné). Essai sur les Nielles, gravures des orfèvres florentins du XVe siècle. *Paris, Merlin*, 1826 ; in-8, demi-rel. bas. 12 fr.

Très rare. Mouillures et cachet de bibliothèque.

2755. Du Deffand. Lettres de la marquise du Deffand à Horace Walpole, depuis comte d'Orford, écrites dans les années 1766 à 1780. *Paris*, 1824 ; 4 vol. in-8, demi-rel. veau. 15 fr.

2756. Du Fouilloux. La Venerie et fauconnerie de Jacques du Fouilloux, Jean de Franchieres, et autres divers autheurs. Reveuës, corrigées et augmentées de chasses non encores par cy devant imprimées. Par J. D. S. Gentilhomme P. (Jean de Sanciquet, gentilhomme poitevin). *Paris, F. le Mangnier*, 1585 ; 2 tomes en un vol. in-4, fig., veau. 250 fr.

Édition recherchée et rare. Piqûres d'humidité.

2757. Dufour (Julien-Michel). Questions illustres, ou bibliothèque des livres singuliers en Droit ; analyse d'un très grand nombre de ces livres ; et recueil d'arrêts sur les questions de droits singulières. *Paris, Tardieu Denesle*. 1813 ; in-12, cart., *non rogné*. 12 fr.

On trouve dans ce volume rare et singulier, l'analyse de tous les ouvrage relatifs à la dissolution du mariage pour impuissance de l'un ou l'autre sexe.

2758. Dulaure. Des Divinités génératrices ou du culte du Phallus chez les anciens et les modernes. Réimprimé sur l'édition de 1825, revue et augmentée par l'auteur. *Paris*, 1885 ; in-8, br. 10 fr.

Edition tirée à 700 exemplaires.
Il est inexact de dire, comme on le lit dans plusieurs catalogues, que l'édition de 1825 fut supprimée, « quoique l'auteur y ait fait des retranchements. » Dulaure n'a rien retranché ; il a au contraire, ajouté. Ce que l'on peut dire, c'est qu'aucune de ces additions, simples développements d'idées ou de faits déjà exposés, n'était de nature à justifier une condamnation, car l'ouvrage, tel qu'il avait paru en 1805, n'outrageait en rien la morale. On a suivi, dans cette réimpression, le texte de 1825, plus complet, plus correct, et que l'auteur s'était efforcé de rendre définitif.

2759. Dupin. Voyage dans la Grande Bretagne entrepris relativement aux services publics de la guerre, de la marine, et des ponts et chaussées en 1816, 1817, 1818 et 1819. Par Charles Dupin. *Paris, Bachelier*, 1820-1824 ; 6 tomes en 3 vol. in-4 et atlas in-fol. oblong, demi-rel. dos et coins cuir de Russie, tr. marbr. 20 fr.

Force militaire. — Force navale. — Force commerciale.
L'atlas renferme 35 planches.

2760. Du Rosoy. Les Sens, poème en six chants (par du Rosoy). *Londres (Paris)*, 1765 ; in-8, fig., mar. bleu, dos orné, fil., tr. dor. (*Capé*). 80 fr.

PREMIÈRE ÉDITION, illustrée de 7 figures, de 6 vignettes en-têtes et de 2 culs-delampe, par *Eisen* et *Wille*. (Manque une figure).

2761. Du Roure. Analectabiblion, ou extraits critiques de divers livres rares, oubliés ou peu connus, tirés du cabinet du marquis du Roure. *Paris, Techener*, 1836 ; 2 vol. in-8, demi-rel. veau, éb. 25 fr.

Curieux commentaires littéraires et bibliographiques.

2762. Du Verdier (Antoine). Les Omonimes, satire des mœurs corrompues de ce siècle. Par Antoine du Verdier. *Lyon, Antoine Gryphius*, 1572. (A la fin :) *A Lyon, de l'impr. de Pierre Roussin*, 1572 ; in-4 de 12 ff., mar. rouge jans., tr. dor. (*Trautz-Bauzonnet*). 120 fr.

Curieuse satire due au célèbre auteur de la *Bibliothèque française*. Les vers se terminent par des rimes formées de paronymes, mots ayant le même son, mais présentant un sens différent.
Bel exemplaire.

2763. Eon de Beaumont. Les Loisirs du Chevalier d'Eon de Beaumont, ancien ministre plénipotentiaire de France ; sur divers sujets importants d'administration, etc., pendant son séjour en Angleterre.

Et de Livres anciens et modernes

A Amsterdam, 1775 ; 13 vol. in-8.
— La Vie militaire, politique et privée de demoiselle Charles-Geneviève-Louise-Auguste-Andrée-Thimothée d'Eon de Beaumont, par de la Fortelle. *Paris, Lambert*, 1769 ; in-8, front. Ens. 14 vol. in-8 en 7 vol. bas, dos orné (*Rel. anc.*). 25 fr.

2764. **Epictète.** Manuel traduit par M. N. (Naigeon). *Paris, Didot et De Bure*, 1782 ; pet. in-12, veau marbr. 5 fr.

De la collection des Moralistes anciens. A la suite on a relié de la même collection : Pensées morales d'Isocrate, traduites par l'abbé Auger.

2765. **Esquiros** (Alphonse). Charlotte Corday. *Bruxelles, Meline, Cans et C*ie, 1840 ; 2 tomes en un vol. in-18, demi-rel. chagrin brun. 6 fr.

Rare.

2766. **Essai** sur la police générale des Grains, sur leurs prix et sur les effets de l'agriculture (par Claude-Jacques Herbert). *Berlin*, 1755 ; in-12, mar. rouge, dos orné, fil., tr. dor. (*Rel. anc.*). 25 fr.

Edition complète. Bel exemplaire.

2767. **Estienne** (Henri). Apologie pour Hérodote, satire de la Société du XVIᵉ siècle. Nouvelle édition, faite sur la première et augmentée de remarques par P. Ristelhuber ; avec trois tables. *Paris,* 1879 ; 2 vol. pet. in-8, br. 20 fr.

Cette édition donne, pour la première fois, le texte complet de Henri Estienne, tel qu'il l'avait rédigé et imprimé avant la censure du Conseil de Genève. Ce texte n'existe que dans deux exemplaires de l'édition originale (1560) échappés à la censure.

2768. **Estienne et Liébault.** L'Agriculture et maison rustique de maistres Charles Estienne et Jean Liébault, revue et augmentée de beaucoup, avec un bref recueil des chasses du cerf, du sanglier, du lièvre, du renard, etc. *Lyon, Vᵉ Gandy,* 1659 ; in-4, fig., mar. bleu, dos orné, fil., tr. dor. (*Wendeling.* 60 fr.

A la suite : « La Chasse du Loup de Jean Clamorgan ».
Très bel exemplaire.

2769. **Etat militaire** de France par MM. de Montandre et de Rous-

sel. *Paris, chez Guillyn* ; in-18, veau. Chaque année 6 fr.

Années 1769, 1773, 1780, 1787.

2770. **Étincelle.** Carnet d'un Mondain. Gazette parisienne, anecdotique et curieuse, par Etincelle (vicomtesse de Peyrrony). *Paris, Rouveyre,* 1881-1882 ; 2 vol. pet. in-8, br. 10 fr.

Illustrations en noir et en couleurs, par *Ferdinandus.*

2771. **Étrangers** (Les) à Paris. *Paris, Ch. Warée, s. d.;* gr. in-8, demi-rel. veau rose. 15 fr.

Illustrations par *Gavarni, Th. Frère, Emy, Th. Guérin,* etc.

2772. **Exposition** (L') universelle de 1867. Rédigée par Ducuing. *Paris,* 1867 ; 2 tomes en un vol. in-fol., demi-rel. chagr. Lavallière. 8 fr.

Très belles illustrations dans le texte, dessinées par les meilleurs artistes.

2773. **Expositions** internationales. Londres, 1872-1874. France. Commission supérieure. *Paris, impr. nationale,* 1873-1874 ; 2 vol. gr. in-8, cart. toile. 10 fr.

2774. **Exposition** universelle de Vienne en 1873. France. Commission supérieure. Rapports. *Paris, imp. nationale,* 1875 ; 5 vol. gr. in-8, cart. toile. 40 fr.

Ouvrage publié à 120 fr.

2775. **Exposition** internationale et universelle de Philadelphie, 1876. France. Commission supérieure. Rapports. *Paris, impr. nationale,* 1877 ; gr. in-8, cart. toile. 10 fr.

2776. **Fallue.** Histoire politique et religieuse de l'église métropolitaine et du diocèse de Rouen, par L. Fallue. *Rouen, Lebrument,* 1850-1851 ; 4 vol. in-8, front., br. 12 fr.

2777. **Fauriel** (Claude). Les Derniers jours du Consulat. Manuscrit inédit, publié et annoté par Ludovic Lalanne. *Paris, Calmann Lévy,* 1886 ; in-8, br. 4 fr.

2778. **Fénelon.** Aventures de Télémaque, suivies des Aventures d'Aristonoüs, par Fénelon, précédées d'une notice biographique et littéraire par M. Villemain. *Paris, Malepeyre,* 1824 ; 2 vol. in-8, demi-rel. mar. rouge, dos orné, *non rognés*.   30 fr.

Portrait et jolies figures par *Moreau le jeune*.

2779. Fidière. Chapu, sa vie et son œuvre. *Paris, Plon et Nourrit,* 1894 ; in-8, br.   6 fr.

Planches en héliogravure et vignettes dans le texte.

2780. Fielding. Tom Jones, ou histoire d'un enfant trouvé, par Fielding. Traduction nouvelle et complète (par le comte de la Bédoyère), ornée de douze gravures en taille-douce. *Paris, Firmin Didot frères,* 1833 ; 4 vol. in-8, demi-rel. dos et coins de mar. brun, dos orné, tête dor., *non rognés*.   125 fr.

Très bel exemplaire en GRAND PAPIER VÉLIN, contenant les 12 figures de *Moreau*, en triple état, AVANT LA LETTRE sur *Chine*, AVANT LA LETTRE sur blanc et avec la lettre sur *Chine*.

2781. Fliche. Mémoires sur la vie, les malheurs, les vertus de Marie-Félice des Ursins, épouse et veuve du duc Henri II de Montmorency, religieuse du monastère de la Visitation de Moulins-sur-Allier. *Poitiers, Oudin,* 1876 ; 2 tomes en un vol. in-8, portr., demi-rel. chagrin noir.   6 fr.

2782. Foé (Daniel de). The Life and strange surprizing Adventures of Robinson Crusoe, of York, mariner. *London, John Stockdale,* 1790 ; 2 vol. in-8, veau granit, tr. mar. 30 fr.

Figures de *Sthothard* gravées par *Medland*.

A la suite, la Vie de Daniel de Foé (en anglais) par George Chalmers.

2783. Fond (Le) du Sac, ou recueil de contes en vers et en prose et de pièces fugitives (par Félix Nogaret). *Paris, Leclère (Lyon, impr. Perrin),* 1866 ; in-8, vélin à recouvrements, tête dor., *non rogné*. 25 fr.

Édition tirée à 100 exemplaires sur papier teinté avec suite des vignettes en-têtes terminées dans le texte et eau-forte tirées à part. Rare.

2784. Forbin. Mémoires du comte de Forbin, chef d'escadre. *Amsterdam, F. Girardi,* 1748 ; 2 vol. in-12, veau granit. (*Rel. anc.*).   8 fr.

Curieux portrait.

2785. Fortoul. Les Fastes de Versailles depuis son origine jusqu'à nos jours. *Paris, Delloye,* 1839 ;

in-8, chagrin bleu, dos orné, fil. à froid et dorés, tr. dor.   10 fr.

42 figures gravées sur acier ou sur bois.

2786. Foucquet. Œuvre de Jehan Foucquet. Heures de maistre Étienne Chevalier. Texte restitué par M. l'abbé Delaunay. *Paris, Curmer,* 1866-1867 ; 2 vol. in-4, en livraisons.   200 fr.

Splendide publication reproduisant, par la chromolithographie, les magnifiques miniatures, les bordures et autres ornements du célèbre Livre d'Heures d'Etienne Chevalier, contrôleur général des finances des rois Charles VII et Louis XI, exécuté par le grand miniaturiste français, Jean Fouquet, vers le milieu du XVᵉ siècle. Très bel exemplaire.

2787. Fournier (Edouard). L'Esprit des autres. Deuxième édition. *Paris, Dentu,* 1856 ; in-12, br. 4 fr.

2788. Fournier (Edouard). Le Vieux-Neuf, histoire ancienne des inventions et découvertes modernes. Deuxième édition. *Paris, Dentu,* 1877 ; 3 vol. in-12, br.   15 fr.

2789. Foy (Général). Discours du Général Foy, précédés d'une notice bibliographique par M. P.-F. Tissot, d'un éloge par M. Etienne et d'un essai sur l'éloquence politique en France, par M. Jay. *Paris, Moutardier,* 1826 ; 2 vol. in-8, portr., br.   7 fr.

2790. Foy (Général). Histoire de la guerre de la péninsule sous Napoléon, précédée d'un tableau politique et militaire. *Paris, Baudouin,* 1827 ; 4 vol. in-8, br.   15 fr.

2791. Franchières. La Fauconnerie de Jean de Franchières, grand prieur d'Aquitaine, avec tous les autres autheurs qui se sont peu trouver traictans de ce subject. *Paris, Abel l'Angelier,* 1602 ; in-4, fig., vélin.   50 fr.

Ouvrage rare. Quelques piqûres de vers, et incomplet des 3 derniers ff. de table qui ont été remplacés par une copie ms.

2792. Francisque-Michel. Les Ecossais en France, les Français en Ecosse. *Londres, Trübner,* 1862 ; 2 vol. petit in-4, demi-rel. dos et coins de mar. rouge, tête dor., *non rognés*. (*Rousselle*).   40 fr.

Texte encadré d'un filet rouge. Portrait de Marie-Stuart, figures en taille-douce et nombreux blasons dans le texte. — Très bel exemplaire. (Tirage à 115).

Et de Livres anciens et modernes

2793. Franklin (Alfred). Précis de l'histoire de la bibliothèque du Roi, aujourd'hui bibliothèque nationale. Deuxième édition corrigée et augmentée. *Paris, Willem*, 1875; in-8, br.   6 fr.

Un des 25 exemplaires sur PAPIER DE CHINE. Armoiries et marques de bibliothèques reproduites dans le texte.

2794. Franklin (Alfred). La Sorbonne, ses origines, sa bibliothèque, les débuts de l'imprimerie à Paris et la succession de Richelieu, d'après des documents inédits. Deuxième édition corrigée et augmentée. *Paris, Léon Willem*, 1875; pet. in-8, fig., br.   5 fr.

Un des 25 exemplaires tirés sur PAPIER DE CHINE (n° 1).

2795. Froger. Relation d'un voyage fait en 1695, 1696 et 1697 aux côtes d'Afrique, détroit de Magellan, Brésil, Cayenne et isles Antilles, par une escadre commandée par M. de Gennes. *Amsterdam, les héritiers d'Ant. Schelte*, 1699; in-12, veau.   5 fr.

Planches sur cuivre.

2796. Fualdès (Procès). Mémoires de Mme Manson, explicatifs de sa conduite dans le procès de l'assassinat de M. Fualdès, écrits par elle-même. Septième édition. *Paris, Pillet*, 1818; in-8, br.   7 fr.

Portrait et fac-similé d'écriture.

D'après Quérard, ces mémoires ont été rédigés par Henri de Latouche sur une lettre de 4 pages écrite par Mme Manson.

2797. Gaffet de la Briffardière. Nouveau traité de Venerie contenant la chasse du cerf, celles du chevreuil, du sanglier, du loup, du lièvre et du renard, par un gentilhomme de la venerie du roy (par Gaffet de la Briffardière, et publié par Pierre-Clément de Chappeville). *Paris, Nyon*, 1750; in-8, pl., basane.   75 fr.

Planches cynégétiques et musique des tons de chasse. Rare.

2798. Gail. Œuvres. *Paris*, 1795-1810; 11 vol. in-8, demi-rel. veau.   15 fr.

Traduction des Œuvres de Xénophon, 1795; — d'Esope, 1796; — de Phèdre, 1796. — Anthologie poétique grecque, 1801. — Clef d'Homère, 1806. — Essais sur les désinences grecques, latines, françaises, 1808. — Introduction au cours grec ou nouveau choix de Fables d'Esope, 1808. —

— Traduction de l'Histoire de Thucydide, 1808; 4 tomes en 3 vol., fig. — Nouvelle grammaire grecque, 1810.

2799. Galerie (La) des États-Généraux. *S. l.*, 1789, 2 parties. — La Galerie des Dames françoises, pour servir de suite à la Galerie des Etats généraux. *Londres*, 1790. Ens. 3 tomes en un vol. in-8, demi-rel.   25 fr.

Cet ouvrage, rédigé avec autant de talent que d'impartialité, est dû à la collaboration du marquis de Luchet, du comte de Rivarol, du comte de Mirabeau et de Choderlos de Laclos.

2800. Garinet (Jules). Histoire de la Magie en France, depuis le commencement de la monarchie jusqu'à nos jours. *Paris, Foulon*, 1818; in-8, br.   8 fr.

Signature sur le titre.

2801. Gautier (Théophile). La Comédie de la mort, par Théophile Gautier. *Paris, Dessessarts*, 1838; in-8, front., demi-rel. dos et coins de mar. bleu, tête dor., *non rogné*.   60 fr.

ÉDITION ORIGINALE. Bel exemplaire.

2802. Gautier (Théophile). La Peau de Tigre. *Paris, Souverain*, 1852; 3 vol. in-8, cart. toile, éb. (*Pierson*).   15 fr.

ÉDITION ORIGINALE.

2803. Gavarni. Masques et Visages. Notice par C.-A. Sainte-Beuve. *Paris, Calmann Lévy, s. d.*; in-fol., cart.   12 fr.

Les fines et spirituelles légendes qui accompagnent les 72 planches de ce recueil peuvent compter parmi les meilleures du célèbre humoriste.

2804. Gavarni. Œuvres nouvelles. *Paris Libr. Nouvelle, s. d.*; 3 vol. pet. in-fol., demi-rel. chagr. rouge, tr. dor.   60 fr.

Les Partageuses, 40 pl. — Les Invalides du sentiment, 30 pl. — Piano, 10 pl. — Manière de voir des voyageurs, 10 pl. — Les Anglais chez eux, 20 pl. — La Foire aux amours, 10 pl. — L'Ecole des Pierrots, 10 pl. — Ce qui se fait dans les meilleures sociétés, 10 pl. — Histoire de politiquer, 30 pl — Les Bohêmes, 20 pl. — Propos de Thomas Vireloque, 20 pl. — Les parents terribles, 20 pl. — Messieurs du feuilleton, 9 pl. — Etudes d'androgynes, 10 pl.

2805. Genlis (Mme de). Les Diners du baron d'Holbach, dans lesquels se trouvent rassemblés, sous leurs noms, une partie des gens de la

Cour et des littérateurs les plus remarquables du 18e siècle. *Paris,* 1822 ; in-8, cart. 4 fr.

2806. **Gilpin** (William). Voyage en différentes parties de l'Angleterre, et particulièrement dans les montagnes et sur les lacs de Cumberland et du Westmoreland, par William Gilpin. Ouvrage traduit de l'anglais par M. Guédon de Berchère. *Paris, Defer de Maisonneuve,* 1789 ; 2 vol. in-8, bas. 6 fr.

Nombreuses figures sur cuivre.

2807. **Girardin** (Mme Émile). La Canne de M. de Balzac. *Paris, Dumont,* 1836 ; in-8, cart. 5 fr.

ÉDITION ORIGINALE. Exemplaire fatigué.

2808. **Girardin** (Stanislas). Mémoires. Nouvelle édition. *Paris, Arm. Aubrée,* 1834 ; 2 vol. in-8, br. 10 fr.

2809. **Gœthe.** Werther. Traduit par Sevelinges. *Paris, Demonville,* 1804. — Mémoires, traduits par Aubert de Vitry. *Paris,* 1823 ; 2 vol., portr. — Œuvres dramatiques, traduites de l'allemand (par Stapfer, Cavagnac et Marguere). *Paris,* 1825; 4 vol. Ens. 7 vol. in-8, cart., *non rognés.* 20 fr.

2810. **Gorani** (Jean). Mémoires secrets et critiques des Cours, des gouvernemens et des mœurs des principaux Etats de l'Italie. *Paris, Buisson,* 1793 ; 3 vol. in-8, bas., dos orné. 7 fr.

2811. **Goulas.** Mémoires de Nicolas Goulas, gentilhomme ordinaire de la chambre du duc d'Orléans, publiés par Charles Constant. *Paris, Loones,* 1879-1882 ; 3 vol. in-8, br. 15 fr.

De la collection de la *Société de l'histoire de France.*

2812. **Gourville.** Mémoires de Monsieur de Gourville, concernant les affaires ausquelles il a été employé par la cour, depuis 1642 jusqu'en 1698 (publiés par Mlle de Bussière). *Paris, Estienne Ganeau,* 1724 ; 2 vol. in-12, mar. bleu, tr. dor. (*Trautz-Bauzonnet*). 150 fr.

Exemplaire du comte ROGER (du Nord), avec son chiffre répété sur le dos et aux angles des plats de la reliure.

2813. **Gower** (Ronald). The Lenoir Collection of original french portraits at Stafford House auto-lithographed by Lord Ronald Gower. Published by Maclure and Macdonald, Lithographers to her Majesty the Queen. *London,* 1874 ; in-fol., portr., cart. toile. 75 fr.

2814. **Gozzadini.** Delle torri Gentilizie di Bologna. *Bologna, Zanichelli,* 1880; in-8, br. 4 fr.

2815. **Grand-Carteret.** La Femme en Allemagne. *Paris, L. Westhausser,* 1887 ; in-8, br. 7 fr.

114 illustrations dont 2 eaux-fortes et 3 planches en couleur. Couverture illustrée.

2816. **Gréard** (Oct.). Nos Adieux à la Vieille Sorbonne. *Paris, Hachette,* 1893 ; in-8, br. 6 fr.

6 gravures et 14 plans.

2817. **Grimarest.** La Vie de M. de Molière. *Paris, Jacques le Febvre,* 1705 ; in-12, veau (*Rel. anc.*). 10 fr.

ÉDITION ORIGINALE.

2818. **Guillemin** (Amédée). Le Ciel. Notions d'astronomie à l'usage des gens du monde et de la jeunesse. *Paris, Hachette,* 1865 ; gr. in-8, br. 9 fr.

Ouvrage illustré de 40 grandes planches dont 12 tirées en couleurs et de 185 vignettes insérées dans le texte.

2819. **Guillemot** (Maurice). La Mort de Pierrot. *Paris, Dentu,* 1889 ; in-8, br. 3 fr.

Frontispice de *Chéret* et illustrations par *Clairin, Detaille, Dubufe, Henner, Puvis de Chavannes, Rochegrosse,* etc. Couverture par *Willette.*

2820. **Hamel** (Frnest). Marie la sanglante. Histoire de la grande réaction catholique sous Marie Tudor, précédé d'un essai sur la chute du catholicisme en Angleterre. *Paris, Poulet-Malassis,* 1862 ; 2 vol. in-8, portr., demi-rel. chagr. rouge. 8 fr.

2821. **Hamilton.** Œuvres. *Paris, Renouard,* 1812 ; 3 vol. in-8, veau granit, dos orné, dent. (*Thouvenin*). 50 fr.

Figures de *Moreau le jeune.* A la suite du 3e volume se trouve : Suite des quatre Facardins et de Keneyde, terminés par M. de Levis.

2822. **Hatin** (Eugène). Bibliographie historique et critique de la Presse périodique française. *Paris, Firmin-Didot,* 1866; in-8, portr., br. 4 fr.

Catalogue systématique et raisonné de tous les écrits périodiques de quelque valeur publiés ou ayant circulé en France depuis l'origine du journal jusqu'à nos jours.

2823. Haudicquer de Blancourt. De l'Art de la Verrerie, où l'on apprend à faire le verre, le cristal et l'émail. La Méthode de peindre sur verre et en émail. De tirer les couleurs des métaux, etc. Par M. Haudicquer de Blancourt. *Paris, J. Jombert,* 1697 ; in-12, veau brun. 8 fr.

2824. Hawkesworth. Relation des Voyages entrepris par ordre de sa majesté britannique, actuellement regnante, pour faire des decouvertes dans l'hémisphère méridional, et successivement exécutés par le commodore Byron, le capitaine Carteret, le capitaine Wallis et le capitaine Cook. Rédigé par par J. Hawkesworth, et enrichie de figures et d'un grand nombre de plans et de cartes. Traduit de l'anglois. *Paris, Saillant et Nyon,* 1774 ; 4 vol. in-4, veau marbr., dos orné, fil., tr. dor. (*Rel. anc.*). 25 fr.

2825. Heilly (Georges d'). Régnier, sociétaire de la Comédie française (1831-1872). *Paris, librairie générale,* 1872 ; in-12, port., mar. rouge, fil., dos orné, tr. dor. (*Chambolle-Duru*). 20 fr.

PAPIER DE CHINE, tiré à 20 exemplaires. Portrait à l'eau-forte par *Martial.* Bel exemplaire.

2826. Helman. Abrégé historique des principaux traits de la Vie de Confucius, célèbre philosophe chinois, orné de 24 estampes gravées par Helman, d'après les dessins originaux de la Chine. *Paris, l'auteur, s. d.* (1788) ; in-4, veau fauve, dos orné, fil. (*Rel. anc.*). 25 fr.

Ouvrage entièrement gravé. Bel exemplaire.

2827. Héroard (Jean). Journal sur l'Enfance et la jeunesse de Louis XIII (1601-1628). Extrait des mss. originaux par MM. Eudore Soulié et Ed. de Barthélemy. *Paris, Firmin-Didot,* 1868 ; 2 vol. in-8, br. 9 fr.

2828. Histoire des Assiriens, des Mèdes, des Perses et des Grecs, avant la venue de Jésus-Christ. — Histoire romaine depuis la fondation de Rome jusques à l'empereur Maximus, qui vivoit l'an de J.-C. 455. *S. l. n. d.* ; in-4, mar. rouge, dos orné, fil. à froid, tr. dor. (*Rel. anc.*). 60 fr.

Manuscrit du XVII⁰ siècle, de 462 pp., ayant appartenu à la comtesse de VERRUE, et provenant de son père : Louis-Charles d'Albert, duc de Luynes, dont les armes ornent les plats de la reliure.

2829. Histoire des campagnes du maréchal de Suworow, prince Italikski, général-feld-maréchal au service de Russie, contenant la guerre de sept ans en 1759... et enfin la dernière campagne d'Italie en 1799. *Paris, Giguet et Michaud,* 1802 ; 3 tomes en un vol. in-8, demi-rel. veau. 10 fr.

3 portraits.

2830. Histoire (L') des Grecs, ou de ceux qui corrigent la fortune au jeu (par le chevalier Ange Goudar). *Londres, Nourse,* 1758 ; in-12, demi-rel. mar. vert, tête dor., éb. 10 fr.

Bel exemplaire.

2831. Histoire des guerres excitées dans le Comté Venaisin et dans les environs par les Calvinistes du XVI⁰ siècle. (Par J.-Fr. Boudin, en religion le P. Justin). *Carpentras, Quenin,* 1782 ; 2 vol. in-12, demi-rel. chagrin, br. 8 fr.

De la bibliothèque de BEAUCHÊNE.

2832. Histoire des Inaugurations des rois, empereurs et autres souverains de l'univers; depuis leur origine jusqu'à présent, par M*** (dom Ch.-J. Bévy). *Paris, Moutard,* 1776 ; in-8, demi-rel. mar. Lavallière, tête dor., *non rogné.* 12 fr.

Planches de costumes anciens gravées sur cuivre.

2833. Histoire (L') et les amours du duc de Guise, surnommé le balafré (par de Brie). *Paris, Vve Mabre-Cramoisy,* 1695; pet. in-12, front., demi-rel. bas. 8 fr.

Petit volume rare.

2834. Horace. Œuvres d'Horace, traduites en vers, par Pierre Daru. Nouvelle édition corrigée. *Paris, Levrault, Schoell,* 1804 ; 4 tomes en 2 vol. in-8, veau vert, dos orné, dent., tr. dor. (*Rel. anc.*). 25 fr.

Bel exemplaire.

2835. Hugo (Victor). L'Année terrible. *Paris, Michel Lévy,* 1874 ;

Achat de Bibliothèques

gr. in-8, demi-rel. dos et coins de mar. rouge, dos orné, tête dor., *non rogné (Pouillet).* 25 fr.

Illustrations de *L. Flameng* et de *Daniel Vierge.* L'un des 100 exemplaires sur PAPIER VÉLIN numéroté. Couverture conservée.

2836. Hugo (Victor). Napoléon le Petit. *Paris, Michel Lévy,* 1875 ; gr. in-8, demi-rel. dos et coins de mar. rouge, tête dor., *non rogné (Pouillet).* 12 fr.

L'un des 50 exemplaires sur PAPIER DE HOLLANDE.

2837. Hugo (Victor). Napoléon le Petit. *Paris, Eug. Hugues,* 1879 ; pet. in-4, br., couv. 5 fr.

Édition illustrée par *J.-P. Laurens, E. Bayard, E. Morin, D. Vierge, Lix, Chifflart, Garcia, Scott, Brun* et *G. Bellenger.* PREMIER TIRAGE.

2838. Hugo (Victor). Religions et religion. *Paris, Calmann Lévy,* 1880 ; in-8, br. 10 fr.

ÉDITION ORIGINALE. Exemplaire avec envoi autographe de Victor Hugo.

2839. Jal. Dictionnaire critique de Biographie et d'histoire. Errata et supplément pour tous les dictionnaires historiques d'après des documents authentiques inédits. *Paris, H. Plon,* 1867 ; in-8, br. 25 fr.

Cet ouvrage précieux est devenu très rare.

2840. Jeannin. Les Negotiations de M. le président Jeannin. *Jouxte la copie de Paris, chez Pierre le Petit (Amsterdam),* 1659 ; 2 vol. pet. in-12, portr., mar. rouge, dos orné, fil., tr. dor. *(Capé).* 70 fr.

Bel exemplaire de cette édition, pouvant se joindre aux livres imprimés par les Elzevier.

2841. Jeannel (Dr J.). De la Prostitution dans les grandes villes au XIXe siècle, deuxième édition. *Paris, Baillière,* 1874 ; in-12, chagr. vert, *non rogné.* 4 fr.

2842. Jouffroy d'Eschavannes. Armorial universel, précédé d'un traité complet de la science du blason et suivi d'un supplément. *Paris, L. Curmer,* 1844 ; in-4, demi-rel. mar. vert, *non rogné.* 15 fr.

Belles planches d'armoiries en chromolithographie, et nombreux blasons insérés dans le texte.

2843. Juvénal. Satires de Juvénal, traduites en vers français par A. Constant Dubos. *Paris, Aug. Durand,* 1852 ; in-8, br. 5 fr.

2844. Labiche et **Gondinet.** Le plus heureux des Trois, comédie en trois actes. *Paris, Dentu,* 1870 ; in-12, cart. *non rogné (Fechoz)* 4 fr.

2845. Laborde (Alexandre de). Itinéraire descriptif de l'Espagne, et tableau élémentaire des différentes branches de l'administration et de l'industrie de ce royaume, par Alexandre Laborde. *Paris, Nicolle,* 1808 ; 5 vol. in-8, bas. 10 fr.

2846. Lacenaire. Mémoires, révélations et poésies de Lacenaire, écrits par lui-même à la Conciergerie. *Paris, les marchands de nouveautés,* 1836 ; 2 vol. in-8, portr., cart., *non rognés.* 10 fr.

2847. Lacroix (Paul). Les Arts au Moyen âge et à l'époque de la Renaissance. Deuxième édition, revue. *Paris, Firmin Didot,* 1869 ; in-4, demi-rel. dos et coins de veau fauve, tête dor., *non rogné.* 22 fr.

19 planches chromolithographiques et 400 gravures sur bois.

2848. Lacroix (Paul). Bibliographie et iconographie de tous les ouvrages de Restif de la Bretonne, par P.-L. Jacob, bibliophile. *Paris, Aug. Fontaine,* 1875 ; in-8, portr., demi-rel. mar. vert, tête dor., *non rogné (Lanscelin).* 10 fr.

2849. La Croix du Maine. La Bibliothèque du sieur de La Croix du Maine, qui est un catalogue général de toutes sortes d'autheurs, qui ont escrit en françoys depuis cinq cens ans et plus, jusques à ce jourd'hui. *Paris, Abel l'Angelier,* 1584 ; in-fol., veau marbré. 50 fr.

Volume rare.

2850. La Curne de Sainte-Palaye. Mémoires sur l'ancienne Chevalerie, avec une introduction et des notes historiques, par M. Ch. Nodier. Nouvelle édition. *Paris, Girard,* 1826 ; 2 vol. in-8, front. en couleur, cart., *non rognés.* 12 fr.

2851. Lafitte. Description de l'Arc de triomphe de l'Etoile et des bas-reliefs dont ce monument est dé-

Et de Livres anciens et modernes

coré. *Paris, Nicolle,* 1810 ; in-8 oblong, demi-rel. vélin.   8 fr.

Projet du monument qui ne fut élevé que plus tard.

2852. **Lafont d'Aussone.** Histoire de Mme de Maintenon, fondatrice de Saint-Cyr. *Paris, Demonville,* 1814 ; 2 vol. in-8, portr., br. 8 fr.

2853. **La Fontaine.** Contes et nouvelles en vers. *Paris, impr. de P. Didot l'aîné,* 1795 ; 2 vol. in-12, mar. rouge, dos orné, dent., tr. dor. (*Lefebvre*).   - 75 fr.

Bel exemplaire auquel on a ajouté 80 figures en taille-douce de *Desenne, Pauquet, Godefroy, Pourvoyeur* et autres.

2854. **La Fontaine.** Contes et nouvelles en vers. *A Londres (Paris, Cazin),* s. d. ; 2 vol. pet. in-12, veau marbr., dos orné.   12 fr.

Édition illustrée d'une suite de figures copiées d'après celle d'*Eisen*.

2855. **La Fontaine.** Fables, avec figures gravées par MM. Simon et Coiny. *Paris, Bossange, Masson et Besson, an IV* (1796) ; 4 vol. in-8, veau granit, dos orné, fil., tr. dor. (*Rel. anc.*).   120 fr.

Un frontispice et 275 figures.
Bel exemplaire sur PAPIER VÉLIN.

2856. **La Fontaine.** Fables de La Fontaine, avec de nouvelles gravures exécutées en relief. *Paris, Ant.-Aug. Renouard,* 1811 ; 2 vol. in-12, demi-rel. veau bleu, *non rognés.*   12 fr.

Édition imprimée avec beaucoup de soin. Elle est illustrée de curieuses vignettes sur bois dues au burin de *Duplat,* qui obtint alors un brevet de 15 années pour les perfectionnements qu'il avait apportés dans son art.

2857. **La Fontaine.** Fables. Édition illustrée par J.-J. Grandville. *Paris, Fournier,* 1838 ; 2 vol. in-8, demi-rel. dos et coins de mar. Lavallière, *non rognés* (*Guétant*). 80 fr.

PREMIÈRE ÉDITION sous cette date, illustrée d'un frontispice sur *Chine* volant et de 120 figures gravées sur bois.
Bel exemplaire avec les couvertures conservées.

2858. **La Fontaine.** Œuvres complètes de La Fontaine, précédées d'une nouvelle notice sur sa vie. *Paris, Lefèvre (impr. de P. Didot),* 1818 ; 6 vol. in-8, demi-rel. mar. brun, tête dor., *non rognés.* 50 fr.

Portrait d'après *Rigaud,* et figures de Moreau le jeune, gravées par *de Ghendt, Delignon, Trière, Villery, Pigeot,* etc.

2859. **La Garde** (Henry de). Le duc de Rohan et les protestants sous Louis XIII. *Paris, Plon et Nourrit,* 1884 ; in-8, br.   4 fr.

2860. **La Gorce** (Pierre de). Histoire de la seconde République française. *Paris, Plon et Nourrit,* 1887 ; 2 vol. in-8, br.   9 fr.

2861. **La Grange-Chancel.** Les Philippiques. Odes. Edition définitive collationnée sur un manuscrit de l'époque avec remarques inédites, étude historique et biographique par Léon de Labessade. *Paris, Ad. Mouveau et Levesque,* 1876 ; in-8, br.   4 fr.

2862. **La Guérinière.** École de Cavalerie contenant la connoissance, l'instruction et la conservation du cheval. *Paris, par la compagnie,* 1754 ; 2 vol. in-8, veau marbr. 18 fr.

Portrait gravé par *Thomassin,* et planches dessinées et gravées par *Parrocel.*

2863. **La Huguerye** (Michel de). Mémoires inédits publiés par le baron A. de Ruble. *Paris, Loones,* 1877-1878 ; 2 vol. in-8, br.   12 fr.

De la collection de la *Société de l'histoire de France.*

2864. **Lainé.** Archives généalogiques et historiques de la noblesse de France, ou recueil de preuves, mémoires et notices généalogiques servant à constater l'origine de la filiation, les alliances et les illustrations religieuses, civiles et militaires de diverses maisons et familles nobles du royaume. *Paris,* 1828-1839 ; 6 vol. in-8, br.   70 fr.

Armoiries gravées.

2865. **Lalanne** (Maxime). Traité de la Gravure à l'eau-forte. *Paris, Cadart et Luquet,* 1886 ; in-8, br. 6 fr.

8 eaux-fortes par *Lalanne.*

2866. **La Motte** (Mme de). Vie de Jeanne de S. Remy de Valois, ci-devant comtesse de la Motte ; contenant un récit détaillé et exact des événements extraordinaires auxquels cette dame infortunée a eu part. Écrite par elle-même. *Paris, Garnery,* 1793 ; 2 vol. in-8, cart., *non rognés.*   10 fr.

2867. La Roulière (Louis de). Traité de la Chasse du lièvre à courre en Poitou. Texte de Louis de la Roulière. *Paris, Pairault,* 1888 ; in-4, br. 10 fr.

L'un des 150 exemplaires sur JAPON avec 75 illustrations de *Gaignard* coloriées à la main.

2868. Le Grand. Traité des Restitutions en entier sur l'article 139 de la Coustume de Troyes. Par M. Louis le Grand, conseiller au bailliage et présidial de Troyes. *A Troyes, chez Claude Febvre,* 1655 ; in-8, vélin. 10 fr.

2869. Le Juge. Histoire de Saincte Genevieve, patronne de Paris, prise et recherchée des vieux livres escris à la main..., plus un brief recueil et discours des choses antiques et signalées de ladicte maison, par F. Pierre le Juge parisien. *Paris, impr. de Henry Coypel,* 1586 ; in-16, veau fauve, dos orné, fil., tr. dor. (*Trautz-Bauzonnet*). 90 fr.

PREMIÈRE ÉDITION de cette légende de la patronne de Paris. Bel exemplaire. Rare.

2870. Leluaux-Mancellière. Histoire de la ville d'Alençon. In-4, parchemin. 50 fr.

Intéressant manuscrit autographe de l'auteur composé vers le milieu du XVIII° siècle. Il comprend plus de 400 feuillets auxquels on a ajouté diverses pièces.

Sur le 1er feuillet de garde se lit une note de l'abbé Pelé, vicaire de Bourg-le-Roy, dont voici un extrait : « Ces mémoires de la ville d'Alençon, quoique imparfaits et avec quelque confusion, où j'ai ajouté çà et là plusieurs anecdotes, tirées de divers auteurs et manuscrits ont pour auteur Leluaux-Mancellière, prêtre habitué de N. Dame d'Alençon, dont l'héritière me le donna en 1771... »

2871. Le Maout (Emm.). Botanique. Organographie et taxonomie. Histoire naturelle des familles végétales et des principales espèces suivant la classification de M. Adrien de Jussieu. *Paris, L. Curmer,* 1854 ; in-4, couv., débroché. 18 fr.

Figures et vignettes sur bois. — Planches en couleur.

2872. Le Maout (Emm.). Histoire naturelle des Oiseaux, suivant la classification de M. Isidore Geoffroy-Saint-Hilaire, avec l'indication de leurs mœurs. Deuxième édition. *Paris, Curmer,* 1855 ; in-4, br. 18 fr.

Figures et vignettes sur bois. — Planches en couleur.

2873. Le Masson (Edmond). Nouvelle Vénerie normande, ou essai sur la chasse du lièvre, du chevreuil, du sanglier, du loup et du renard. Deuxième édition. *Avranches, Tostain,* 1847 ; in-8, br. (couv. ill.). 12 fr.

2874. Lenet. Mémoires de Monsieur L*** (Pierre Lenet), conseiller d'Etat : contenant l'histoire des guerres civiles des années 1649 et suivantes ; principalement celles de Guienne et autres provinces. *S. l.* ; 2 vol. in-12, mar. bleu, tr. dor. (*Trautz-Bauzonnet*). 200 fr.

Exemplaire contenant des notes et additions *manuscrites* contemporaines de la publication ; en outre le tome I est suivi de 13 ff. et le tome II de 12 ff. de texte *manuscrit* de l'époque *pour rétablir un certain nombre de passages qui avaient été retranchés à l'impression.*

Exemplaire du comte ROGER (du Nord), avec son chiffre répété sur le dos et aux angles des plats de la reliure.

2875. Lescure (de). Les Autographes et le goût des autographes en France et à l'étranger. *Paris, Gay,* 1865 ; in-8, br. 8 fr.

2876. Lettre sur les Aveugles à l'usage de ceux qui voyent (par Diderot). *Londres,* 1749 ; in-12, veau fauve, dos orné, fil., tr. dor. (*Rel. anc.*). 10 fr.

Bel exemplaire.

2877. Lièvre (Édouard). Musée impérial du Louvre. Collection Sauvageot, dessinée et gravée à l'eau-forte par Edouard Lièvre, accompagnée d'un texte historique et descriptif par A. Sauzay. *Paris, Noblet et Baudry,* 1863 ; 2 vol. in-fol., demi-rel. dos et coins de mar. vert, tête dor., *non rognés.* 130 fr.

120 planches. Bel exemplaire.

2878. Livre noir (Le) de messieurs Delaveau et Franchet, ou répertoire alphabétique de la police politique sous le ministère déplorable, par M. Année. *Paris, Moutardier.* 1829 ; 4 vol. in-8, demi-rel. chagr. 35 fr.

2879. Longus. Daphnis et Chloé. Traduction d'Amyot. *Paris, libr. des bibliophiles,* 1872 ; in-12, mar. orange, dos orné, fil., tr. dor. (*Cuzin*). 35 fr.

Compositions d'*Emile Lévy,* gravées à l'eau-forte par *Flameng.* Dessins de *Gia-*

comelli, gravés sur bois par *Rouget et Sargent*.

Taches de rousseur.

2880. **Luyt** (Robert). Le plus illustre ornement de la Noblesse. Les Ordres de chevallerie , institués par les roys et princes souverains. Recueil réduit en abrégé et divisé en deux livres par Robert Luyt. *Troyes, Edme Nicot*, 1661 ; in-8, vélin.　　　　　　　　8 fr.

Piqûres de vers.

2881. **Malherbe.** Poésies, rangées par ordre chronologique, avec la vie de l'auteur et de courtes notes (par Meusnier de Querlon). *Paris, Barbou*, 1764 ; in-12, portr., veau marbr., dos orné (*Rel. anc.*). 5 fr.

2882. **Marais** (Mathieu). Journal et Mémoires sur la Régence et le règne de Louis XV (1715-1737), publiés pour la première fois d'après le ms. de la bibliothèque impériale, avec une introduction et des notes par M. de Lescure. *Paris, Firmin Didot*, 1863-1868 ; 4 vol. in-8, br.　　　　　　16 fr.

2883. **Marat** (J.-P.). Les Chaînes de l'esclavage. Ouvrage destiné à développer les noirs attentats des princes contre les peuples. *Paris*, 1793 ; in-8, br.　　　10 fr.

2884. **Marguerite de Valois.** L'Heptaméron des Nouvelles de Marguerite d'Angoulême, reine de Navarre. Publiée par MM. Le Roux de Lincy et Anatole de Montaiglon. *Paris, Aug. Eudes*, 1880 ; 4 tomes en 8 vol. in-8, portr. et fig., br. 150 fr.

Un des 15 exemplaires sur PAPIER DE CHINE contenant la double suite des figures de *Freudenberg*, en noir et en couleur. Charmants en-têtes et culs-de-lampe.

2885. **Martin** (Henri). Études d'archéologie celtique. Notes de voyages dans les pays celtiques et scandinaves. *Paris, Didier*, 1872 ; in-8, br.　　　　　　　　4 fr.

2886. **Martin** (Henri). Histoire de France, depuis les temps les plus reculés jusqu'en 1789. *Paris, Furne*, 1855 ; 17 vol. in-8, demi-rel. chagr. tr. jasp.　　　　　　　70 fr.

Portrait et figures.

2887. **Martin** (Henri). Histoire de France depuis les temps les plus

reculés jusqu'en 1789. Quatrième édition. *Paris, Furne et Jouvet, s. d.;* 17 vol. in-8, br.　　45 fr.

Portr. et figures sur acier.

2888. **Maupassant** (Guy). Mont-Oriol. *Paris, Havard,* 1887 ; in-18, br.　　　　　　　　6 fr.

ÉDITION ORIGINALE. Couverture.

2889. **Mémoires** d'une femme de qualité sur Louis XVIII, sa cour et son règne [et depuis la mort de Louis XVIII jusqu'à la fin de 1829]. *Paris, Mame et Delaunay-Vallé,* 1829-1830 ; 6 vol. in-8, demi-rel. veau vert, dos orné, *non rognés*. 35 fr.

Ouvrage dû à la collaboration de Léon de Lamothe-Langon, Damas-Hinard, Malitourne et de Villemarest.

2890. **Mémoires** historiques et politiques d'un Fou de qualité (par Ch. Doris, de Bourges). *Paris, Lemonnier,* 1819 ; in-8, cart., *non rogné.*　　　　　　　7 fr.

2891. **Méon.** Le Roman du Renart, publié d'après les mss. de la bibliothèque du Roi des XIIIe, XIVe et XVe siècles, par M. D. M. *Paris, Treuttel et Würtz,* 1826 - 1835 ; 5 vol. in-8, fig., demi-rel. dos et coins de mar. brun, tête dor., *non rognés.*　　　　　150 fr.

Très bel exemplaire avec les figures de *Desenne* AVANT LA LETTRE et les EAUX-FORTES, et auquel on a ajouté le « Supplément » contenant les variantes et les corrections, publié par Chabaille.

2892. **Méon** et **Barbazan.** Fabliaux et Contes des poëtes françois des XIe et XVe siècles, tirés des meilleurs auteurs, publiés par Barbazan. Nouvelle édition revue par M. Méon. *Paris, Warel (imp. de Crapelet),* 1808 ; 4 vol. — Nouveau Recueil de fabliaux et contes inédits publié par M. Méon. *Paris, Chasseriau,* 1823 ; 2 vol. — Ensemble 6 vol. gr. in-8, demi-rel. dos et coins de mar. rouge, tête dor., *non rognés (Brany).* 275 fr.

Splendide exemplaire en GRAND PAPIER DE HOLLANDE, très rare avec les 6 figures. Celles du Nouveau recueil sont en double état sur Chine collé et sur papier vélin.

2893. **Mérimée** (Prosper). Études sur l'Histoire romaine, par Prosper Mérimée. *Paris, V. Magen,* 1844 ; 2 vol. in-8, demi-rel. dos et coins de mar. brun, tête dor., *non rognés* (*Pouillet*). 10 fr.

Bel exemplaire dans une bonne demi-reliure.

2894. **Merval** (de). Catalogue et Armorial des présidents, conseillers, gens du roi et greffiers du parlement de Rouen, dressé sur les documents authentiques. *Evreux, Hérissey*, 1867 ; in-4, fig., demi-rel. dos et coins de mar. rouge, tête dor., *non rogné*. 20 fr.

2895. **Méténier** (Oscar). Demi-Castors. *Paris, Charpentier*, 1894 ; in-18, br. 8 fr.

ÉDITION ORIGINALE. PAPIER DE HOLLANDE, tiré à 10 exemplaires.

2896. **Métivier** (Henri). Monaco et ses princes. *La Flèche, impr. Jourdain*, 1865 ; 2 vol. in-8, br. 5 fr.

2897. **Millin** (Aubin-Louis). Voyage dans les départemens du Midi de la France, par Aubin-Louis Millin. *Paris, Impr. Impériale*, 1807-1811 ; 4 tomes en 5 vol. in-8, et atlas in-4, bas. 12 fr.

Cet ouvrage contient le relevé de nombreuses inscriptions épigraphiques ; l'atlas renferme 80 planches gravées sur cuivre reproduisant un grand nombre de monuments antiques du Moyen-Age et de la Renaissance des plus intéressants pour l'archéologie de la France.

2898. **Molé.** Mémoires de Mathieu Molé, garde des sceaux de France, publiés par Aimé Champollion-Figeac. *Paris, Renouard*, 1855-1857 ; 4 vol. in-8, br. 25 fr.

De la collection de la *Société de l'histoire de France*.

2899. **Molière.** Les Œuvres de Molière, avec Notes et Variantes, par Alphonse Pauly. *Paris, Lemerre*, 1872-1874 ; 8 vol. pet. in-12, fig. — Molière. Sa vie et ses œuvres, par Jules Claretie. *Paris, Lemerre*, s. d. ; pet. in-12. Ens. 9 vol. pet. in-12, mar. rouge jans., tr. dor. (*Allô*). 250 fr.

L'un des 35 exemplaires tirés sur PAPIER DE CHINE. Armoiries sur les plats.

2900. **Monselet** (Charles). Encore un !... *Paris, Frinzine*, 1885 ; in-12, cart. toile, *non rogné*. 3 fr.

ÉDITION ORIGINALE. Envoi d'auteur.

2901. **Monselet** (Charles). Figurines parisiennes. *Paris, Jules Dagneau*, 1854 ; in-18, cart., *non rogné*. 3 fr.

2902. **Monselet** (Charles). La Lorgnette littéraire. Dictionnaire des grands et des petits auteurs de mon temps. *Paris, Poulet-Malassis*, 1857 ; in-12 carré, br. 6 fr.

2903. **Monselet** (Charles). Monsieur de Cupidon. Aristide Chamois. *Paris, V. Lecou*, 1854 ; in-12, cart. toile, *non rogné*. 5 fr.

ÉDITION ORIGINALE.

2904. **Monselet** (Charles). Les Oubliés et les Dédaignés, figures littéraires de la fin du XVIIIe siècle. *Alençon, Poulet-Malassis*, 1857 ; 2 tomes en un vol. in-12, demi-rel. veau. 8 fr.

2905. **Monselet** (Charles). Panier fleuri. Prose et vers. *Paris, Bachelin*, 1873 ; in-12, cart., éb. 4 fr.

ÉDITION ORIGINALE.

2906. **Monselet** (Charles). Portraits après décès, avec lettres inédites et fac-simile. *Paris, Faure*, 1866 ; in-12, cart. toile, *non rogné*. 4 fr.

ÉDITION ORIGINALE.

2907. **Monselet** (Charles). Les Vignes du Seigneur. *Paris, Victor Lecou*, 1854 ; in-18, br., couv. 2 fr.

ÉDITION ORIGINALE. Impression en rouge.

2908. **Monstrelet.** La Chronique d'Enguerran de Monstrelet, en deux livres avec pièces justificatives. 1400-1444. Publié par Drouët-d'Arcq. *Paris, Vve Renouard*, 1857-1862 ; 6 vol. in-8, br. 40 fr.

De la Collection de la Société de l'Histoire de France.

2909. **Morel de Vindé.** Zélomir. *A Paris, de l'impr. de P. Didot l'aîné*, 1801 ; in-18, mar. olive, dos orné, fil., tr. dor., *non rogné* (*Chambolle-Duru*). 300 fr.

Exemplaire en GRAND PAPIER VÉLIN, contenant la suite des 6 figures de *Lefèvre* en deux états : EAU-FORTE et AVANT LA LETTRE.

2910. **Nobiliaire** de Normandie publié par une société de généalogistes, avec le concours des principales familles nobles de la province, sous la direction de E. de Magny. *Paris, Aubry* (1863) ; 2 vol. gr. in-8, demi-rel. chagr. bleu, *non rognés*. 30 fr.

2911. **Néel.** Voyage de Paris à Saint-Cloud par mer et retour de Saint-

Cloud à Paris par terre. *Paris, Lahure*, 1884 ; in-8, cart., *non rogné (Féchoz)*.　　10 fr.

> Très jolies figures en couleurs, par *Jeanniot*. Couverture conservée.

2912. Nogaret. Le Fond du Sac ou recueil de contes en vers et en prose et de pièces fugitives. *Paris, Leclère*, 1866 ; in-8, portr. et fig., br.　　18 fr.

> L'un des 100 exemplaires sur PAPIER TEINTÉ.

2913. Old Nick. La Chine ouverte. Aventures d'un Fan-Kouei dans le pays de Tsin. *Paris, Fournier*, 1845 ; in-8, br.　　12 fr.

> ÉDITION ORIGINALE illustrée par *Aug. Borget*. Couverture conservée.
> Old Nick est le pseudonyme d'*Emile Forgues*.

2914. Orbigny (Ch. d'). Dictionnaire universel d'histoire naturelle. *Paris*, 1841 ; 16 vol. in-8, demi-rel. dos et coins de chagr. vert, tête dor., *non rognés*.　　100 fr.

> Nombreuses planches coloriées.

2915. Pacini (Eugène). La Marine, arsenaux, navires, équipages, navigation, atterrages, combats, par M. Eugène Pacini. Illustrations de M. Morel-Fatio. *Paris, L. Curmer*, 1844 ; gr. in-8, demi-rel. dos et coins de chagr. violet, *non rog.* 25 fr.

> Frontispice de *Beaucé*, 9 planches coloriées et 22 gravures sur acier et nombreuses vignettes sur bois dans le texte.
> Bel exemplaire.

2916. Pagès (François). Histoire secrète de la Révolution françoise. *Paris, Dentu*, 1797-1800 ; 5 vol. in-8, cart., *non rognés*.　　40 fr.

> Ces mémoires s'étendent de la convocation des notables (1788) au commencement de l'année 1800.

2917. Pailleron (Édouard). La Souris, comédie en trois actes. *Paris, Calmann Lévy*, 1888 ; in-8, cart., *non rogné (Féchoz)*.　　8 fr.

> ÉDITION ORIGINALE. Couverture conservée.

2918. Paillot (Pierre). La Vraye et parfaite Science des Armoiries ou l'indice armorial de feu maistre Louvan Geliot. Augmenté de nombre de termes, et enrichy de grande multitude d'exemples des armes des familles tant françoises qu'estrangères. *Paris, Edouard Rou-*

veyre, 1895 ; 2 vol. pet. in-fol., br.　　55 fr.

> Réimpression fac-similé de l'édition de 1660 de cet excellent ouvrage héraldique.

2919. Palais-Royal (Le), ou Mémoires secrets de la Duchesse d'Orléans, mère de Philippe, par M. D. F***. (Par Mme Guénard, baronne de Méré). *Hambourg et Paris, Lerouge*, 1806 ; 2 vol. in-12, cart.　　15 fr.

2920. Paris (Paulin). Les Manuscrits françois de la Bibliothèque du Roi, leur histoire et celle des textes allemands, anglais, hollandais, italiens, espagnols de la même collection. *Paris, Techener*, 1836-1845 ; 6 vol. in-8, demi-rel. veau vert.　　25 fr.

> Les notes qui accompagnent chaque article sont de la plus haute importance pour l'historique de chacun des manuscrits que renferme notre grand établissement littéraire. Envoi autographe de l'auteur.

2921. Paris à travers les âges. Aspects successifs des monuments et quartiers historiques de Paris depuis le XIIIe siècle jusqu'à nos jours. Fidèlement restitué par M. F. Hoffbauer. Texte par Ed. Fournier, P. Lacroix, A. de Montaiglon, Bonnardot, J. Cousin, Franklin, V. Dufour. *Paris, Firmin-Didot*, 1875 ; 14 livraisons in-fol., en cartons.　　140 fr.

> PREMIER TIRAGE de cet ouvrage d'une très grande érudition, reconstituant avec la plus rigoureuse exactitude l'aspect des anciens quartiers et monuments de Paris. Taches de rousseur.

2922. Peignot (Gabriel). Précis historique, généalogique et littéraire de la Maison d'Orléans, avec notes, table et tableau, par un membre de l'université (Etienne-Gabriel Peignot). *Paris, Crapelet*, 1830 ; gr. in-8, portr., cart., *non rogné*. 12 fr.

> Exemplaire en GRAND PAPIER VÉLIN.

2923. Peignot (Gabriel). Répertoire bibliographique universel. *Paris, A.-A. Renouard*, 1812 ; in-8, br. 7 fr.

2924. Péladan (Joséphin). Œuvres. *Paris, Dentu*, 1889-1892 ; 6 vol. in-18, cart., *non rognés*.　　20 fr.

> La Victoire du mari. — Cœur en peine. — Gynandre. — Androgyne. — Typhonia. — Le Panthée.

Achat de Bibliothèques

2925. **Pelet.** Mémoires sur la guerre de 1809, en Allemagne, avec les opérations particulières des corps d'Italie, de Pologne, de Saxe, de Naples et de Walcheren, par le général Pelet. *Paris, Roret,* 1824-1826 ; 4 vol. in-8, demi-rel. chagr. rouge. 30 fr.

> Petit cachet de bibliothèque sur les titres.

2926. **Peyrat** (A.). Histoire élémentaire et critique de Jésus. *Paris, Michel Lévy,* 1864 ; in-8, br. 3 fr.

2927. **Pieters.** Annales de l'imprimerie des Elseviers, ou histoire de leur famille et de leurs éditions, par Charles Pieters. Seconde édition, revue et augmentée. *Gand, C. Annot-Braeckman,* 1858 ; in-8, demi-rel. veau. 15 fr.

> Exemplaire bien complet, contenant le *Supplément* en 26 pp., publié en 1860.

2928. **Pimodan** (Georges, marquis de). Souvenirs du général, marquis de Pimodan, 1847-1849, avec une introduction et des notes par un ancien officier. *Paris, Champion,* 1891 ; 2 vol. pet. in-8, cartes et port., br. 5 fr.

2929. **Pitre-Chevalier.** Bretagne et Vendée. Histoire de la Révolution française dans l'Ouest. *Paris, Coquebert* (1844-1848); in-8, cart. toile, fers de l'éditeur, tr. dor. 25 fr.

> Bel exemplaire de l'ÉDITION ORIGINALE, illustrée par *A. Leleu, O. Penguilly* et *T. Johannot* de figures gravées sur bois et sur acier.

2930. **Poësies** diverses. *Berlin, Ch.-Fred. Voss,* 1760 ; in-4, veau. 10 fr.

> Ces poésies du grand Frédéric ont été publiées par les soins de J.-B. de Boyer d'Argens et de L. de Beausobre.
> Frontispice, vignettes et culs-de-lampe par *Meil.*

2931. **Pommereul** (Général de). Histoire de l'isle de Corse. *Berne, Société typographique,* 1779 ; 2 vol. in-8, veau marbr., dos orné, fil., tr. dor. (*Rel. anc.*). 10 fr.

2932. **Pressensé** (Fr. de). L'Irlande et l'Angleterre depuis l'acte d'union jusqu'à nos jours. 1801-1888, par Francis de Pressensé. *Paris, Plon,* 1889 ; in-8, br. 2 fr.

2933. **Prévost** (abbé). Histoire de Manon Lescaut et du chevalier des Grieux ; précédée d'une étude par Arsène Houssaye. *Paris, libr. des Bibliophiles,* 1874 ; 2 vol. in-16, br. 35 fr.

> L'un des 15 exemplaires sur PAPIER DE CHINE. 6 eaux-fortes par *Ed. Hédouin* AVANT LA LETTRE.

2934. **Prevost** et **Jollivet**. L'Escrime et le Duel. *Paris, Hachette,* 1891 ; in-12, br., couv. 5 fr.

> 21 héliogravures et 25 vignettes.

2935. **Provins.** Vues de Provins, dessinées et lithographiées en 1822 par plusieurs artistes, avec un texte explicatif par M. D. (Du Sommerard). *Paris, Gide,* 1822 ; in-4, cart., *non rogné.* 6 fr.

2936. **Pulitzer** (Albert). Une Idylle sous Napoléon Ier. Le Roman du prince Eugène. *Paris, Firmin-Didot, s. d. ;* in-8, portr., br. 5 fr.

2937. **Quinet** (Edgard). La Révolution. Quatrième édition. *Paris, Lacroix, Verboeckhoven,* 1866 ; 2 vol. in-8, demi-rel. veau rouge, tr. jasp. 8 fr.

2938. **Rabelais.** Œuvres de maître François Rabelais, suivies des remarques publiées en anglois par par M. le Motteux et traduites en françois par C. D. M. (César de Missy). *Paris, Bastien, an VI* (1798) ; 3 vol. in-8, br. 40 fr.

> Édition illustrée de 96 curieuses figures gravées sur cuivre.

2939. **Rabelais.** Œuvres de Rabelais. Edition variorum augmentée de pièces inédites, des Songes drolatiques de Pantagruel, ouvrage posthume, avec l'explication en regard ; des remarques de Le Duchat, de Bernier, de le Motteux, de l'abbé Marsy, de Voltaire, de Guinguené ; et d'un nouveau commentaire historique et philologique par Esmangart et Eloi Johanneau. *Paris, Dalibon,* 1823 ; 9 vol. in-8, demi-rel. veau vert, dos orné, *non rognés.* 75 fr.

> Belle édition ornée de 10 vignettes et de 2 portraits de Rabelais, d'après les dessins de *Devéria,* plus de 120 figures grotesques pour les Songes drolatiques.
> Très bel exemplaire.

2940. **Racine** (Jean). Œuvres, avec des commentaires par M. Luneau

de Boisjermain. *Paris, impr. de
Louis Cellot*, 1768 ; 7 vol. in-8,
veau granit, dos orné d'attributs,
fil., tr. dor. (*Rel. anc.*).   50 fr.

Portrait d'après *Santerre*, et 12 figures de *Gravelot*, gravées par *Duclos, Flipart, Lemire, Levasseur, Née, Simonet*, etc.

2941. Racine (Louis). Œuvres.
Paris, Le Normant, 1808 ; 6 vol.
in-8, portr., veau, dos orné, dent.,
tr. marbr.   20 fr.

Bel exemplaire.

2942. Racinet (A.). L'Ornement
polychrome : 100 planches en couleurs or et argent, contenant envi-
ron 2000 motifs de tous les styles,
art ancien et asiatique, moyen âge,
renaissance, XVIIe et XVIIIe siècles.
Avec des notices explicatives et
une introduction générale. *Paris*,
1869 ; in-fol., br., en livrais. 80 fr.

PREMIÈRE ÉDITION de la première série.

2943. Rambach (Carolus). Thesau-
rus eroticus linguæ latinæ, sive
theogomiæ, legum et morum nup-
tialium apud Romanos explanatio
nova. *Stuttgartiæ*, 1833 ; in-8,
br.   12 fr.

2944. Recueil de diverses pièces qui
ont paru durant les mouvemens
derniers de l'année 1649. *S. l.*
(*Paris*), 1650 ; in-4 de 746 pp.,
vélin.   25 fr.

Pièces sur la Fronde et contre le cardi-
nal Mazarin.

2945. Regnard. Œuvres complètes
avec des avertissemens et des remarques sur chaque pièce, par M.
G*** (Garnier). *Paris, impr. de
Monsieur*, 1790 ; 6 vol. in-8., demi-
rel. veau, dos orné.   25 fr.

Portrait d'après *Rigaud* gravé par *Tardieu* et 11 figures par *Moreau* et *Marillier*,
gravées par *Delignon, Duponchel, Gi-
raud, Halbou, Langlois, de Longueil,
Patas, Simonet* et *Trière*.

2946. Regnault. Histoire du Conseil
d'Etat depuis son origine jusqu'à
ce jour. *Paris, Cotillon*, 1853 ;
in-8, cart., *non rogné*.   5 fr.

Figures lithographiées et fac-similés
d'écriture.

2947. Régnier. Les Satyres et autres œuvres du sieur Régnier, augmentées de diverses pièces cy-de-
vant non imprimées. *Leiden, Jean
et Daniel Elzevier*, 1652 ; pet.
in-12, mar. rouge, dos orné, fil.,
comp. genre Le Gascon, tr. dor.
(*Trautz-Bauzonnet*).   250 fr.

Très jolie édition, recherchée tant à
cause de sa rareté que de sa belle exécu-
tion typographique ; les satyres 18 et 19
s'y trouvent imprimées pour la première
fois.
Charmant exemplaire, grand de marges;
il provient de la bibliothèque BANCEL
(750 fr.). — Hauteur 127 mill. 1/2.

2948. Régnier. Œuvres complètes
de Régnier. Nouvelle édition avec
le commentaire de Brossette. *Paris, Lequien*, 1822 ; in-8, demi-rel.
dos et coins de mar. brun, dos orné,
non rogné (*Thouvenin*).   25 fr.

Bel exemplaire en GRAND PAPIER VÉLIN.

2949. Rehfues. L'Espagne en mil
huit cent huit, ou recherches sur
l'état   de   l'administration,   des
sciences, des lettres, des arts, du
commerce et des manufactures, de
l'instruction publique, de la force
militaire, etc., par J. F. Rehfues.
Paris, Treuttel et Wurtz, 1811 ;
2 vol. in-8, bas.   6 fr.

Cet ouvrage a été traduit de l'allemand
par F. Guizot.

2950. Renan (Ernest). L'abbesse de
Jouarre, drame. *Paris, Calmann
Lévy*, 1886 ; in-8, br.   3 fr.

ÉDITION ORIGINALE.

2951. Renan. Nouvelles études religieuses. Deuxième édition. *Paris,
Calmann Lévy*, 1884 ; in-8, br. 3 fr.

2952. Renouard. Catalogue de la
Bibliothèque d'un amateur, avec
notes bibliographiques, critiques et
littéraires, (par A.-A. Renouard).
Paris, Renouard, 1819 ; 4 vol. in-8,
demi-rel. chagr. brun, tête dor.,
non rognés.   25 fr.

Très bon ouvrage de bibliographie raisonnée.

2953. Résumé général, ou extrait des
cahiers de pouvoirs, instructions,
demandes et doléances, remis par
les divers bailliages, sénéchaussées
et pays d'Etats du royaume à leurs
députés à l'Assemblée des Etats-
Généraux, ouverts à Versailles, le
4 mai 1789. Par une société de
gens de lettres, publié par le sieur
Prudhomme. *Paris*, 1789 ; 3 vol.
in-8, bas.   30 fr.

Ouvrage extrêmement important pour

Achat de Bibliothèques

l'histoire des débuts de la Révolution Outre l'analyse de tous les cahiers on y trouve les noms et les adresses à Versailles de tous les membres des trois ordres.

2954. Ris (C. de). Les Amateurs d'autrefois, par L. Clément de Ris. *Paris, Plon,* 1877 ; in-8, portr., br. 20 fr.

> PAPIER DE HOLLANDE. 8 portraits gravés à l'eau-forte.

2955. Ris-Paquot. La Céramique musicale et instrumentale, histoires et recueils d'assiettes avec ariettes, couplets grivois, air notés, instruments de musique, etc. *Paris, Lévy,* 1889 ; in-4, *en feuilles* dans un carton. 35 fr.

> 48 planches en couleurs et vignettes dans le texte.

2956. Roland (Mme). Appel à l'impartiale postérité, par la citoyenne Roland, femme du ministre de l'intérieur. *Paris, Louvet, s. d.* (1796); 4 parties en un vol. in-8, portr., demi-rel. veau. 9 fr.

> Edition originale des Mémoires de Mme Roland qui, malgré la protestation de Bosc, insérée dans l'avertissement de la 2e partie, ont été attribuées à celui-ci par plusieurs écrivains, entre autres par Prudhon. Portrait ajouté. Signature sur le titre.

2957. Roti-Cochon ou méthode très facile pour bien apprendre les (*sic*) enfans à lire en latin et en françois. *Paris, société des bibliophiles,* 1890 ; pet. in-8, fig., br. 7 fr.

> Réimpression fac-similé et sur PAPIER VERGÉ, faite par les soins de M. Georges Vicaire, de l'édition originale de ce singulier traité élémentaire d'instruction enfantine, imprimé à Dijon chez Claude Michard, à la fin du XVIIe siècle.

2958. Rousseau (J.-J.). Collection complète des Œuvres de J.-J. Rousseau. *Londres (Bruxelles),* 1774-1783 ; 12 vol. in-4, veau racine dos orné, fil., tr. jaspée (*Rel. anc.*). 300 fr.

> Édition ornée d'un portrait de Rousseau gravé par *Aug. de Saint-Aubin* d'après *La Tour,* de 37 belles figures de *Moreau* et *Le Barbier,* gravées par *Choffard, Dambrun, de Launay, Duclos, Duflos, Halbou, Ingouf, Lemire, Saint-Aubin,* etc., et de 12 jolis fleurons de titre par *Choffard, Le Barbier* et *Moreau.* Bel exemplaire.

2959. Rousseau (J.-J.). Les Confessions, suivies des rêveries du promeneur solitaire. *Paris, Garnier,* 1876 ; in-8, demi-rel. chagrin rouge, dos orné, tête dor., *non rogné.* 10 fr.

> Belles gravures sur bois.

2960. Rousset (Camille). Un Ministre de la Restauration. Le marquis de Clermont-Tonnerre. *Paris, Plon et Nourrit,* 1855; in-8, br. 4 fr.

2961. Saint-Allais. Nobiliaire universel de France, ou recueil général des généalogies historiques des maisons nobles de ce royaume, par M. de Saint-Allais et par M. de la Chabeaussière. *Paris, Bachelin-Deflorenne,* 1872-1877 ; 21 vol. in-8, demi-rel. mar. rouge, tête dor., *non rognés.* 150 fr.

> Le 21e vol. forme le *Supplément.*

2962. Saint-Simon. EXTRAIT DES MÉMOIRES DE M. L. D. D. S. S. (le Duc de Saint-Simon), tel qu'il a été rédigé par M. l'A. D. V. (l'abbé de Voisenon); 4 vol. pet. in-4, mar. vert, dos orné, fil., tr. dor. (*Derome*). 1000 fr.

> PRÉCIEUX MANUSCRIT du milieu du XVIIIe siècle, recouvert d'une reliure aux armes de Marie-Anne Hardy du Plessis, Marquise de SARTINE.
> On lit sur un des f. de garde l'intéressante note manuscrite suivante : « Monsieur le Duc de Choiseul ayant ouvert à l'abbé de Voisenon le Dépôt des Affaires étrangères, celui-ci en profita pour en extraire un abrégé des *Mémoires du Duc de Saint-Simon.* Ces fragments historiques restèrent longtemps à l'état de manuscrits, et cette copie fut exécutée pour M. de Sartine, lieutenant-général de police et Ministre d'Etat... Cette compilation des *Mémoires* de Saint-Simon disparut de la circulation, soit que le gouvernement d'alors le voulut ainsi, soit que cette partie des travaux de l'abbé de Voisenon lui ait été volée, comme le dit la *Biographie universelle* (t. XLIX, p. 411). Ce ne fut qu'en 1788 qu'un fureteur de manuscrits, abrégeant les Extraits de Voisenon, ou plutôt de Chevalier, son secrétaire, la vendit à un libraire, qui la fit paraître en 3 vol. in-8. Mais cette publication ne reproduisit pas en entier le travail de Voisenon, dont ce précieux manuscrit est peut-être la seule copie complète. »

2963. Salon de 1872. *Paris, Goupil,* 1872 ; 2 vol. gr. in-4, demi-rel. mar. rouge. 50 fr.

> 86 photographies tirées sur Chine et montées sur onglets.

2964. Sauzay et **Delange**. Monographie de l'Œuvre de Bernard Palissy, suivie d'un choix de ses continuateurs ou imitateurs. Dessiné par MM. Carle Delange et C. Borneman et accompagné d'un texte par MM. Sauzay et Delange. *Paris, 1862* ; in-fol. *en feuilles* dans un carton. 400 fr.

> Très belle publication ornée d'un portrait de Bernard Palissy et de 100 planches tirées en couleur. Cet ouvrage n'a été imprimé qu'à 300 exemplaires et est devenu rare.

2965. **Schneider** (Louis). L'empereur Guillaume Souvenirs intimes, revus et annotés par l'empereur sur le manuscrit original. Traduit de l'allemand par Ch. Rabany. *Paris , Berger-Levrault ,* 1888 ; 3 vol. in-8, br. 12 fr.

2966. **Segoing**. Armorial universel contenant les armes des principales Maisons, Estatz et Dignitez des plus considérables Royaumes de l'Europe. Blazonnées de leurs métaux et couleurs, et enrichies de leurs ornements extérieurs. Corrigé et mis en ordre par C. Segoing. *Paris, Hubert Jaillot,* 1679 ; in-4, front. et pl., parchem. brun. 75 fr.

> Ouvrage héraldique estimé, renfermant 214 planches d'armoiries gravées en taille-douce, auxquelles on a ajouté 8 feuillets donnant 66 armoiries dessinées à la plume avec la plus grande exactitude.

2967. **Ségur** (Général, Comte de). Histoire de Napoléon et de la Grande-Armée pendant l'année 1812. *Paris, Baudouin,* 1825 ; 2 vol. in-8, cart., *non rognés.* 12 fr.

> Portraits, fig. et carte en couleurs.

2968. **Sévigné**. Lettres de Madame de Sévigné, de sa famille et de ses amis, précédées d'une notice par M. Gault de Saint-Germain. *Paris, Dalibon,* 1823 ; 12 vol. in-8, portr., demi-rel. veau. 40 fr.

> 25 portraits par *Devéria* AVANT LA LETTRE.

2969. **Shaw**. Voyages de M. Shaw, M. D. dans plusieurs provinces de la Barbarie et du Levant : contenant des observations géographiques, physiques, etc., sur les royaumes d'Alger et de Tunis, sur la Syrie, l'Egypte et l'Arabie Petrée. Traduits de l'anglais. *La Haye, J. Neaulme,* 1743 ; 1 vol. in-4, pl., demi-rel. bas. 10 fr.

2970. **Simon** (Jules). Une Académie sous le Directoire. *Paris, Calmann*

Lévy, 1885 ; in-8, cart., *non rogné.* 5 fr.

> ÉDITION ORIGINALE.

2971. **Simond** (Louis). Voyage en Angleterre pendant les années 1810 et 1811, avec observations sur l'état politique et moral, les arts et la littérature de ce pays; par L. Simond. *Paris, Treuttel et Würtz,* 1817 ; 2 vol. in-8, demi-rel. bas. 7 fr.

> Figures à l'aqua-teinte.

2972. **Sor** (Charlotte de). Le duc de Bassano, souvenirs intimes de la Révolution et de l'Empire. Recueillis et publiés par Mme Charlotte de Sor. *Paris, de Potter,* 1844 ; cart. toile, *non rognés.* 12 fr.

2973. **Suchet** (Maréchal). Mémoires du maréchal Suchet, duc d'Albufera, sur ses campagnes en Espagne, depuis 1808 jusqu'en 1814, écrits par lui-même. *Paris, Bossange,* 1828 ; 2 vol. in-8, portr. et atlas in-fol., demi-rel. mar. rouge, dos orné, *non rognés.* 45 fr.

> Rare. L'Atlas renferme 16 planches en taille-douce.

2974. **Surius**. Le Pieux Pèlerin, ou Voyage de Jérusalem, divisé en trois livres contenans la description topographique de plusieurs Royaumes, Païs, Villes, Nations estrangeres, nommement des quatorze Religions orientales, leurs mœurs et humeurs, tant en matière de religion que de civile conversation, etc. Le tout remarqué et recueilli par le Père Bernardin Surius. *Brusselles, François Foppens,* 1666; in-4, veau brun. 20 fr.

> Titre gravé, carte et portrait du Père Surius, gravés sur cuivre.

2975. **Surville** (Clotilde de). Poésies inédites de Marguerite - Eléonore Clotilde de Vallon et Chalys, depuis Madame de Surville, poëte français du XVe siècle publiées par MM. de Roujoux et Ch. Nodier. *Paris, Nepveu,* 1827 ; in-8, br., couv. 6 fr.

> Figures de Colin. Légères mouillures.
> Ces poésies seraient en réalité, d'après les critiques les plus autorisés, du marquis Joseph Etienne de Surville, poète de la fin du XVIIIe siècle.

2976. **Susanne** (Louis). Histoire de l'ancienne Infanterie française. Atlas de 151 planches renfermant la série complète, dessinée par Phili-

poteaux, des uniformes et des dra-
peaux des anciens corps de troupes
à pied. *Paris, Corréard,* 1856 ;
in-8, br. 40 fr.

Superbes épreuves très fraîches.

2977. **Swedenborg** (Emmanuel).
Du Ciel et de ses merveilles, et de
l'Enfer d'après ce qui a été entendu
et vu. *Bruxelles, J. Maubach,*
1819 ; in-8, br. 8 fr.

2978. **Tableau** (Le) de la Croix re-
présenté dans les cérémonies de la
Ste Messe, ensemble le trésor de
la dévotion aux souffrances de N.
S. J. C. Le tout enrichi de belles
figures. *Paris, Chiquet, s. d. ;*
in-8, veau. 30 fr.

100 pages gravées en taille-douce par
Colin représentant les diverses phases de
la messe et autres sujets religieux.

2979. **Tataretus** (Petrus). Expositio
magistri petri Tatareti in summu-
las Petri Hispani una cum passibus
Scoti indequaque in marginibus
sparsis ; maturiori que hucusque
diligentia summoque studio reco-
gnïta : a pluribus mendis, que in
prioribus habentur libris emen-
data : summasque accuratione Ba-
silec impressa. Additus est tractatus
insolubilium ejusdem et obligato-
rium magistri Martini Molenfelt ex
Livonia. *(Bâle, s. d.) ;* pet. in-fol.
goth. de 90 ff. à 2 col., br. 30 fr.

Édition publiée vers la fin du XVe siècle.
Exemplaire couvert de notes marginales.

2980. **Tessé** (Maréchal de). Lettres
à Mme la duchesse de Bourgogne,
Mme la princesse des Ursins, Mme
de Maintenon, M. de Pontchartrain,
etc. Publiées par le comte de Rambu-
teau. *Paris, Calmann Lévy,* 1888 ;
in-8, portr., br. 5 fr.

2981. **Teste** (Louis). Léon XIII et
le Vatican. *Paris, Forestier,* 1880 ;
gr. in-8, portr., br. 5 fr.

PAPIER VERGÉ DE HOLLANDE. Texte encadré d'un filet rouge. Portrait sur *Chine.*

2982. **Thausing** (Moriz). Albert
Dürer, sa vie et ses œuvres. Traduit de l'allemand par Gustave Gru-
ger. *Paris, Firmin Didot,* 1878 ;
in-4, br. 20 fr.

75 gravures en taille-douce, lithographiées et sur bois.

2983. **Thiébault** (Dieudonné). Fré-
déric-le-Grand, sa famille, sa cour,
son gouvernement, son académie,
ses écoles, et ses amis, généraux,
philosophes et littérateurs, ou souvenirs de vingt ans de séjour à
Berlin. *Paris, Bossange,* 1826 ;
5 vol. in-8, cart., *non rognés.* 30 fr.

2984. **Thiers** (Adolphe). Histoire
du Consulat et de l'Empire. *Paris,
Furne,* 1845-1860 ; 20 vol. in-8,
br. 45 fr.

2985. **Thiers** (J.-B.). Histoire des
Perruques. *Avignon, L. Cham-
beau,* 1779 ; in-12, basane. 7 fr.

2986. **Thunberg** (C.-P.). Voyages
de C.-P. Thunberg, au Japon par
le cap de Bonne-Espérance, les îles
de la Sonde, etc. *Paris,* 1796 ; 4
vol. in-8, portr. et pl., veau granit. 15 fr.

2987. **Tombeau** (le) de Marguerite
de Valois, royne de Navarre, faict
premièrement en disticques latins
par les trois sœurs princesses en
Angleterre (Anne, Marguerite et
Jeanne Seymour), depuis tra-
duictz en grec, italien et françois
par plusieurs des excellentz poètes
de la France. Avecques plusieurs
odes, hymnes, cantiques, épitaphes
sur le mesme subject. *Paris, de
l'impr. de Michel Fezandat et Rob.
Granjon,* 1551 ; in-8, portr., mar.
olive, compart. de fil. à la Du Seuil,
angles de feuillages, dos orné, tr.
dor. (*Lortic*). 350 fr.

Recueil curieux et rare publié par Nic-
Denisot, dit le comte d'Alsinois ; il contient
des vers de Ronsard, de Baïf, de Du Bellay et d'autres poètes du temps.
Cet exemplaire, en parfait état, provient
de la vente TURNER, où il fut adjugé 700
francs et les frais.

2988. **Touchatout.** Le Trombinos-
cope. *Paris,* 1872-1876 ; 4 tomes
en 2 vol. in-8, chagrin rouge, pl.
toile. 12 fr.

Collection comprenant 240 biographies
humoristiques ornées chacune d'un portrait sur bois par *Lafosse.*
Envoi d'auteur à M. Lacroix.

2989. **Tour du Monde** (le). Journal des voyages. *Paris, Hachette,*
1860-1884 ; 48 vol. in-4, fig., demi-rel. chagr. vert. 180 fr.

Collection complète depuis l'origine jusqu'en 1884. Bel exemplaire.

2990. **Tronchin** (Henry). Le Conseiller François Tronchin et ses

amis, Voltaire, Diderot, Grimm, etc., d'après les documents inédits. *Paris, Plon et Nourrit,* 1895 ; in-8, br.   5 fr.

Deux portraits en héliogravure.

2991. **Troude.** Nouveau Dictionnaire pratique français et breton du dialecte de Léon. *Brest, Lefournier,* 1869 ; in-8, br.   5 fr.

2992. **Urfé** (Honoré d'). L'Astrée, ou par plusieurs histoires et sous personnes de bergers, et d'autres, sont deduits les divers effets de l'honneste amitié. Reveue et corrigée en cette dernière édition. *Imprimée à Rouen, et se vend à Paris, chez Aug. Courbé,* 1647 ; 4 vol. — La Conclusion et dernière partie d'Astrée par le Sr Baro. *Paris, Aug. Courbé,* 1647. Ens. 5 vol. pet. in-8, front. et portr., veau fauve, dos orné (*Rel. anc.*). 75 fr.

Quelques ff. raccommodés.

2993. **Valentia** (Georges). Voyage dans l'Hindoustan, à Ceylan, sur les deux côtes de la Mer Rouge, en Abyssinie et en Egypte, pendant les années 1802, 1803, 1804, 1805, 1806, par le vicomte George Valentia. Traduits de l'anglais par P.-E. Henry. *Paris, Vve Lepetit,* 1813 ; 4 vol. in-8 et atlas in-4 obl., demi-rel. veau brun, tr. jasp.   15 fr.

Cartes, plans, inscriptions et vues diverses exécutés par *H. Stall,* gravées par *Adam.*

2994. **Valery.** Voyages historiques et littéraires en Italie pendant les années 1826, 1827 et 1828 ; par M. Valery. *Paris, le Normant,* 1831-1833 ; 5 vol. in-8, demi-rel. veau violet.   12 fr.

2995. **Vallès** (Jules). Jacques Vingtras. L'Enfant. *Paris, Quantin,* 1884 ; in-8, br.   10 fr.

12 eaux-fortes par *Renouard.*

2996. **Varin.** Le sacré Throsne royal des roys de France, depuis Pharamond jusqu'à Louis XIII à present régnant, auquel est descript ce qui est advenu de plus remarquable sous le règne de chaque roy, par le sieur Jean Philippe Varin. *Paris, Fleury Bourriquant,* 1611 ; in-8, vélin.   20 fr.

Ce volume, non cité par Brunet, renferme des portraits gravés sur bois et les devises, plus ou moins authentiques, de tous les rois de France.

2997. **Vasili** (Comte Paul). La Société de Berlin. *Paris, Nouvelle Revue,* 1884 ; in-8, br.   4 fr.

2998. **Vasili** (Comte Paul). La Société de Madrid. Edition augmentée de lettres inédites. *Paris, nouvelle Revue,* 1886 ; in-8, demi-rel. chagr. bleue, tête dor., *non rogné.*   5 fr.

Bel exemplaire.

2999. **Vasili** (Comte Paul). La Société de Vienne. *Paris, Nouvelle revue,* 1885 ; in-8, br.   4 fr.

3000. **Vauban.** De l'attaque et de la défense des Places. *La Haye, Pierre de Hondt,* 1737 ; in-4, veau. 15 fr.

Planches en taille-douce.

3001. **Vendée** (Guerre de). Henri de la Rochejaquelin et la guerre de la Vendée d'après des documents inédits. *Paris,* 1890 ; in-8, portr., br.   8 fr.

3002. **Verlaine** (Paul). Poèmes saturniens. *Paris, Léon Vanier,* 1890 ; in-12, br., couv.   6 fr.

3003. **Vie** et revélations de la sœur de la Nativité (Jeanne Le Royer), religieuse converse au couvent des Urbanistes de Fougères, écrites sous sa dictée par le rédacteur de ses révélations (l'abbé Gernet, prêtre du diocèse de Rennes). *Paris, Beaucé,* 1819 ; 4 vol. in-8, br. 20 fr.

Seconde édition ornée du portrait de Jeanne le Royer.

3004. **Vigeant.** Ma Collection d'Escrime. Préface d'Emile Gautier. Poésie de Louis Tiercelin. Dessins de Fréd. Régamey. *Paris, Quantin,* 1892 ; pet. in-8, br.   7 fr.

Cet ouvrage n'a été tiré qu'à 200 exemplaires.

3005. **Vigor** (Simon). De l'Estat et gouvernement de l'Eglise, quatre livres. De la Monarchie ecclésiastique, de l'infaillibilité, de la discipline ecclésiastique des Conciles. Par Me Simon Vigor, conseiller du roy en son Grand Conseil. *A Troyes, chez Pierre Sourdet,* 1621 ; in-8, vélin.   8 fr.

3006. **Villehardouin.** L'Histoire de Geoffroy de Villehardouyn, maréchal de Champagne ; de la conquête de Constantinople, par les barons François, associez aux Vénitiens, l'an 1204, d'un costé en son vieil langage, et de l'autre en un plus moderne et intelligible, par Blaise de Vigenère. *Paris, Abel l'Angelier*, 1585 ; in-4, mar. brun, comp. de fil., tr. dor. (*Cuzin*). 150 fr.

ÉDITION ORIGINALE. — Très bel exemplaire d'un livre précieux sous le double rapport historique et littéraire.

3007. **Viollet-le-Duc.** Compositions et dessins de Viollet-le-Duc, publiés sous le patronage du comité de l'œuvre du maître. *Paris*, 1884 ; in-fol., demi-rel. chagrin rouge, plats toile. 75 fr.

100 planches montées sur onglets.

3008. **Viollet-le-Duc.** Dictionnaire raisonné du Mobilier français de l'époque carlovingienne à la Renaissance, par M. Viollet-le-Duc, architecte. *Paris, Bance,* 1858-1872 ; 6 vol. in-8, demi-rel. de chagrin rouge, tête dor., *non rognés*. 220 fr.

Bel exemplaire.

3009. **Visconti** (J.-B.). Il Museo Pio-Clementino descritto da Giambattista Visconti, prefetto delle antichita di Roma. *Roma, Lud. Mirri,* 1782-1792 ; 6 vol. gr. in-fol., cart., *non rognés.* 200 fr.

Cet excellent ouvrage tant pour le texte que pour les gravures renferme 312 plancher ainsi réparties : Tome Ier. Portrait, plan et 54 pl. — Tome II. 54 pl. — Tome III. Portrait et 53 pl. — Tome IV. 50 pl. — Tome V. 48 pl. — Tome VI. 63 pl. (Le tome VIIe publié en 1807 manque). Très bel exemplaire entièrement non rogné.

3010. **Visconti** et **Mongez.** Iconographie ancienne, grecque et romaine, ou Recueil des portraits authentiques des empereurs, rois et hommes illustres de l'antiquité. *Paris, P. Didot l'ainé,* 1808-1833 ; 7 vol. in-fol., demi-rel. mar. brun, tr. jas. 200 fr.

129 planches gravées. Bel exemplaire.

3011. **Viton.** Histoire généalogique des Maisons souveraines de l'Europe depuis leur origine jusqu'à présent. *Paris,* 1811 ; 2 vol. in-8, cart. 10 fr.

3012. **Vitrolles** (Baron de). Mémoires et relations politiques, publiés selon le vœu de l'auteur par Eugène Forgues. *Paris, Charpentier,* 1884 ; 3 vol. in-8, br. 10 fr.

3013. **Vitu** (Auguste). Paris. *Paris, Quantin* (1890) ; in-4, cart., tête dor., *non rogné.* 15 fr.

450 dessins d'après nature, donnant l'aspect de Paris lors de l'Exposition de 1889.

3014. **Vivant-Denon.** Monuments des Arts du Dessin chez les peuples tant anciens que modernes, recueillis par le baron Vivant Denon. Lithographiés par ses soins et sous ses yeux. Décrits et expliqués par Amaury Duval. *Paris, Firmin Didot,* 1829 ; 4 vol. in-fol., demi-rel. dos et coins de chagr. vert. 200 fr.

Ouvrage intéressant tiré à petit nombre ; le premier volume est spécialement consacré à l'histoire des arts du dessin chez les différents peuples du monde.

PAPIER VÉLIN, planches lithographiées en noir et en couleur.

3015. **Voltaire.** La Henriade. Nouvelle édition. *Paris, Vve Duchesne, Saillant, Desaint, Panckouke et Nyon,* 1770 ; 2 vol. in-8, veau marbré, dos orné, fil. (*Rel. anc.*). 35 fr.

Frontispice, titre gravé avec portrait de l'auteur, 10 figures et 10 vignettes dessinées par *Eisen* et gravées par *Longueil*.

3016. **Voltaire.** Œuvres complètes, avec préfaces, notes et avertissements, etc., par Beuchot. *Paris, Lefèvre,* 1834 ; 72 vol. in-8, br. 150 fr.

De la collection des *Classiques français.* Quelques piqûres.

3017. **Voltaire.** Table analytique des matières (rédigée par Miger) pour les œuvres complètes. *Paris, Renouard,* 1825 ; 2 vol. gr. in-8, demi-rel. veau fauve, tr. jaspe. 15 fr.

Très rare.

3018. **Vosmaer** (C.). Rembrandt Harmens van Rijn. Ses précurseurs et ses années d'apprentissage. *La Haye, Martinus Nijhoff,* 1863 ; in-8, br. 3 fr.

3019. **Voyages** et aventures des émigrés français depuis le 14 juillet 1789 jusqu'à l'an VII, époque de leur expulsion par différentes puissances de l'Europe. Par L. M. H. *Paris, Prudhomme, an VII* (1799) ; 2 vol. in-8, cart. toile, *non rognés.* 10 fr.

Relation curieuse pour l'histoire de l'émigration. Ouvrage illustré de 4 gravures et de 6 cartes.

3020. **Vues de Chine.** Album de 36 dessins exécutés à la plume et à l'encre de Chine, rehaussés de

Et de Livres anciens et modernes

couleurs. In-4 obl., mar. vert, dos orné, fil., tr. dor. (*Rel. anc.*). 600 fr.

> Aux armes mosaïquées de MACHAULT D'ARNOUVILLE, garde des sceaux et contrôleur général des finances.

3021. Vulson de la Colombière. La Science heroïque traitant de la noblesse, de l'origine des armes, de leurs blasons et symboles, des tymbres, bourlets, couronnes, cimiers, lambrequins, supports et tenans et autres ornemens de l'escu, de la Devise, etc. Avec la généalogie succinte de la maison de Rosmadec en Bretagne. *Paris, Séb. Cramoisy*, 1644 ; in-fol., bas. (*Rel. anc.*). 40 fr.

> Important ouvrage de l'art héraldique orné de beaux et nombreux blasons gravés sur cuivre.

3022. Vulson de la Colombière. Le Vray Theatre d'honneur et de chevalerie ou le miroir héroïque de la noblesse, contenant les combats ou les jeux sacrez des grecs et des romains, les triomphes, les tournois, les joustes, les pas, les emprises ou entreprises, les armes, les combats à la barrière, les carrossels, les courses de bague et de la quintaine, etc. *Paris, Aug. Courbé*, 1648 ; 2 vol. in-fol., veau, dos orné, fil. (*Rel. anc.*). 100 fr.

> Figures de *Chauveau* et autres, gravées sur cuivre. Celle de la dage 361 du tome 1er représente le curieux Carrousel donné sur la place Royale les 5, 6 et 7 avril 1612.

3023. Walckenaer. Histoire de la vie et des ouvrages de J. de la Fontaine. Troisième édition corrigée et augmentée de gravures. *Paris, Nepveu*, 1824 ; in-8, demi-rel. mar. rouge, dos orné. 5 fr.

> Bel exemplaire.

3024. Waldeck-Rousseau. Discours parlementaires. *Paris, Charpentier*, 1889 ; in-8, br. 4 fr.

> Envoi d'auteur.

3025. Watelet. Dictionnaire des Arts de peinture, sculpture et gravure par M. Watelet et M. Levesque. *Paris, Prault*, 1792; 5 vol. in-8, veau marbr., dos orné (*Rel. anc.*). 25 fr.

3026. Weber. Mémoires de Weber, concernant Marie-Antoinette, archiduchesse d'Autriche et reine de France et de Navarre, avec des notes et des éclaircissemens historiques, par MM. Berville et Barrière. *Paris, Baudouin*, 1822 ; 2 vol. in-8, br. 8 fr.

3027. Wieland. Musarion, ou la philosophie des grâces, poème en trois chants de Wieland, traduit de l'allemand par M. de Laveaux. *Basle, J. Thurneysen*, 1780 ; in-8, front. et fig., veau granit, dos orné, fil., tr. dor. *Rel. anc.*). 25 fr.

> Un frontispice, 3 très jolies figures et 3 culs-de-lampe par *Saint-Quentin*. Bel exemplaire.

3028. Willette. Le Pierrot. Collection complète du 6 juillet 1888 au 20 mars 1891. *Paris*, 1888-1891, 51 numéros ; in-fol., demi-cart. toile, *non rogné*. 40 fr.

> Cette collection, devenue rare, contient tout le procès de Pierrot avec son éditeur.

3029. Winkelmann. Histoire de l'Art chez les anciens, traduite de l'allemand avec des notes historiques et critiques de différens auteurs. *Paris, Janson, an II* (1794); 3 vol. in-4, demi-rel. veau fauve. 40 fr.

> 68 planches.

3030. Witt (Mme de). Les Chroniqueurs de l'histoire de France, depuis les origines jusqu'au XVIe siècle. *Paris, Hachette*, 1883-1885 ; 3 vol. gr. in-8, tr. dor. 35 fr.

> Planches en chromolithographie.

3031. Yriarte (Charles). Les Bords de l'Adriatique et le Monténégro. *Paris, Hachette*, 1878 ; in-4, cart. toile rouge, plats gaufrés, tr. dor. 20 fr.

> 257 gravures sur bois et 17 cartes.

3032. Zeller (Berthold). Henri IV et Marie de Médicis, d'après des documents nouveaux. *Paris, Didier*, 1877 ; in-8, front., br. 3 fr.

3033. Zemganno (L.-V.). Les Quatre ages de la pairie de France. *Maestricht, Dufour et Roux*, 1775 ; 2 tomes en un vol. in-8, veau fauve, dos orné (*Rel. anc.*). 15 fr.

> Bel exemplaire.

3034. Zola (Émile). Le Ventre de Paris. *Paris, Marpon et Flammarion, s. d.* ; in-18, br. 4 fr.

> Illustrations d'André Gill.

Le Propriétaire-Gérant : THÉOPHILE BELIN.

CHATEAUDUN. — Imprimerie de la Société Typographique (Téléphone).